BIBLE WORD SEARCH CHALLENGE
99 PUZZLES

BARBOUR BOOKS
An Imprint of Barbour Publishing, Inc.

© 2006 by Barbour Publishing, Inc.

ISBN 978-1-68322-941-4

Puzzles created by Michele Clay, Paul Kent, John Hudson Tiner, and Connie Troyer.

Scripture quotations are taken from the King James Version of the Bible.

Published by Barbour Books, an imprint of Barbour Publishing, Inc., 1810 Barbour Drive, Uhrichsville, Ohio 44683, www.barbourbooks.com

Our mission is to inspire the world with the life-changing message of the Bible.

 Member of the
Evangelical Christian
Publishers Association

Printed in China.

2

ABOUNDING LOVE

PSALM 86:13–15

For **great** is thy mercy **toward** me: and thou **hast delivered** my soul **from** the **lowest hell**. O God, the **proud** are **risen against** me, and the **assemblies** of **violent** men have **sought after** my **soul**; and **have** not set **thee before them**. But **thou**, O **Lord**, art a God **full** of **compassion**, and **gracious**, <u>**long suffering**</u>, and **plenteous** in **mercy** and **truth**.

```
T  F  S  T  Q  U  N  V  Y  U  S  W  X  P  V
Y  D  L  U  O  S  S  N  N  L  O  R  D  T
S  Z  Z  K  E  H  H  T  E  V  A  S  Y  O  T
D  U  V  N  A  O  O  T  R  T  Y  M  P  N  B
C  E  O  L  D  T  I  R  I  P  S  X  S  R  X
I  B  L  E  B  R  O  K  E  N  N  U  E  U  P
S  N  O  I  T  C  I  L  F  F  A  D  R  R  K
Y  D  I  N  V  H  R  O  U  N  E  E  V  T  B
D  M  O  G  S  E  G  F  R  E  T  K  A  A  O
D  C  F  E  H  U  R  I  M  H  A  C  N  H  C
U  F  H  Y  G  Y  C  E  R  K  L  I  T  T  C
P  K  E  E  P  E  T  H  T  O  W  S  S  E
B  H  A  T  G  H  P  Z  W  H  S  A  Q  C  M
T  M  R  A  P  Y  H  T  G  P  E  N  O  N  N
G  O  T  H  E  M  F  I  B  K  D  B  R  T  G
```

by John Hudson Tiner

Bonus Trivia

What were Shadrach, Meshach, and Abednego called before their names were changed?

1

TRUST IN GOD

PSALM 34:18–22

The Lord is **nigh unto** them that are of a broken **heart;** and **saveth such** as be of a **contrite spirit. Many** are the **afflictions** of the righteous: but the Lord **delivereth** him out of them all. He **keepeth** all his **bones:** not one of them is **broken.** Evil shall **slay** the **wicked:** and **they** that **hate** the **righteous** shall be desolate. The Lord **redeemeth** the **soul** of his **servants:** and **none** of **them that trust** in him **shall** be **desolate.**

WELCOME TO
BIBLE WORD SEARCH CHALLENGE!

If you like Bible word searches, you'll love this book. Here are 99 puzzles to expand your Bible knowledge and test your word search skills, as thousands of search words await your discovery—each one based on or directly selected from the King James Version of the Bible. You're in for hours of fun!

Bible Word Search Challenge contains two types of puzzles. You'll find traditional word search lists, with 22–35 entries based on a common theme, as well as scripture passages with the search words printed in **bold type**. When a phrase in a scripture passage is **<u>bold and underlined</u>**, those words will be found together in the puzzle grid. If you get stuck, answers are provided at the back of the book.

We know you're eager to get started, so our final word is this: Enjoy!

```
C B Q H S B V U R S O U G H T
R Y A C H E R W Z H B A N H D
N V V F O V I O L E N T I E V
E M E H T M K L F L O A R G E
D K T H E E P O B L E E E C V
J H S U N M R A I M V R F D U
J M E Y I E G P S I E G F F N
Y B U A G A V L L S D S U T A
H C W V I L K E K U I L S G B
N A R N N U D N P O L O G A B
H T S E W O L T R I A I N C H
C T S T M S U E O C R M O Y C
L I U O H T R O U A O I L Q L
R L O R D V E U D R A W O T R
H M Z G T R V S F G H J F N T
```

by John Hudson Tiner

Bonus Trivia

What did John the Baptist eat?

Locusts and wild honey. (Matthew 3:4)

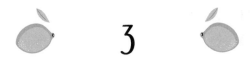

3

ABLE TO KEEP YOU

JUDE 24–25

Now unto **him** that is **able** to **keep you from falling,** and to **present** you **faultless** before the **presence** of his **glory** with **exceeding joy,** to the **only wise God** our **Saviour,** be glory and **majesty, dominion** and **power,** both **now** and **ever. Amen**.

```
F  R  A  N  E  W  S  I  B  R  O  U  G  H  T
I  M  C  D  G  I  D  H  O  L  I  S  A  C  Y
S  O  E  L  O  O  R  E  W  O  P  A  P  I  C
Y  L  O  W  G  P  U  V  R  E  R  E  L  G  I
T  C  I  A  L  N  O  E  E  V  E  N  I  S  A
S  S  P  Y  O  J  I  K  A  C  S  U  P  H  G
E  S  O  N  R  L  V  D  N  M  E  N  V  I  R
J  E  N  U  Y  S  A  E  E  K  N  E  E  D  I
A  L  I  O  I  L  S  M  Q  E  T  R  A  M  C
M  T  N  Y  I  E  X  T  O  L  C  S  D  E  A
E  L  O  V  R  N  O  A  C  B  E  X  O  V  R
Y  U  N  P  G  N  I  L  L  A  F  O  E  I  M
E  A  S  E  I  O  L  M  A  N  J  R  O  C  K
A  F  T  R  S  A  I  Z  O  L  E  P  O  T  U
R  E  V  E  M  H  O  W  J  D  M  S  R  M  L
```

by Michele Clay

 Bonus Trivia

When Hannah prayed to the Lord for a son, what did she promise Him?

4

GREATER GLORY

HAGGAI 2:7–9

And I will **shake** all nations, and the **desire** of all **nations** shall **come**: and I will **fill** this house **with** glory, saith the LORD of hosts. The **silver** is mine, and the **gold** is **mine**, saith the LORD of hosts. The **glory** of this **latter house shall** be **greater than** of the **former**, saith the LORD of hosts: and in **this place will** I **give peace, saith** the LORD of **hosts**.

```
G W G X X S N O I T A N L B O
W Z G A I F I L B E V Z M C F
Y M M H T J H L M C M G S E G
G H T O F V K J V A R O Y C Y
T O W I O W H W H E Y M C D J
U G L O R Y I L A P R C I K N
F L S D M R O T P W R G U L V
P L A C E O E J H X E F Q U G
W E I T R R W Z J S V M T U K
I K T G R P I U T J I R L U F
L A H L L A H S A N G E W N A
L H D Y I C O R E J A I P A K
E S U O H H L O R D V H I X G
I Z B L H S D R M U R V T G E
V W L E D J U Q P K V L Z N O
```

by John Hudson Tiner

 Bonus Trivia

In the parable of the rich man and Lazarus, where did the poor beggar go when he died?

5

SEEING BEYOND THE SUNSET

2 CORINTHIANS 4:18–5:2

While we **look** not at the **things** which are **seen,** but at the things which are not seen: for the things which are seen are **temporal;** but the things which are not seen are **eternal.** For we **know that** if our **earthly** house of this **tabernacle were dissolved,** we **have** a **building** of God, an house not **made** with **hands,** eternal in the **heavens.** For in **this** we **groan, earnestly desiring** to be **clothed upon with** our **house which** is **from** heaven.

```
E  A  Q  L  Z  H  S  N  F  T  H  I  S  T  S
B  L  W  D  U  O  T  T  L  A  S  J  P  G  U
H  M  C  C  P  F  L  G  N  I  M  E  V  X  O
L  A  G  A  O  F  N  D  D  E  H  T  O  L  C
L  D  P  J  N  I  S  N  E  V  A  E  H  C  F
H  E  M  P  D  R  D  B  G  M  O  R  F  P  Q
D  C  A  L  N  D  E  S  I  R  I  N  G  N  P
L  F  I  R  A  E  V  B  Y  F  W  A  H  E  X
S  U  O  H  N  R  L  U  A  W  G  L  A  E  V
B  C  W  V  W  E  O  E  I  T  X  R  A  S  E
T  T  H  I  N  G  S  P  W  B  T  J  O  T  A
H  T  I  W  K  U  S  T  M  H  W  A  A  A  E
V  E  L  F  O  R  I  V  L  E  A  H  M  L  N
Z  T  E  H  O  N  D  Y  R  T  T  V  N  F  A
U  Z  J  H  L  U  K  E  D  K  S  V  E  C  D
```

by John Hudson Tiner

Bonus Trivia

Who discovered baby Moses hidden in the bulrushes of the Nile?

6

NO TEARS IN HEAVEN

REVELATION 21:4–5

And God shall **wipe** away all **tears from their eyes**; and there shall be no more **death,** neither **sorrow,** nor **crying, neither shall there** be any **more pain**: for the **former** things are **passed away**. And he **that** sat **upon** the **throne** said, **Behold,** I **make** all **things** new. And he **said unto** me, **Write**: for **these words** are **true** and **faithful**.

```
L  Z  Q  F  R  C  L  W  B  P  Y  E  U  L  B
D  U  N  T  O  L  H  E  Y  H  E  D  M  V  W
E  Y  F  T  A  W  A  Y  R  Z  D  I  Y  M  V
B  B  E  H  O  L  D  N  N  E  K  A  M  G  V
R  L  S  E  T  P  E  Q  S  N  H  S  N  K  X
W  W  W  S  Q  I  T  S  F  O  I  T  H  X  T
V  S  K  E  T  W  A  J  S  R  A  E  T  J  K
C  O  K  H  C  P  R  F  W  H  O  V  A  V  G
B  R  E  G  S  G  N  I  H  T  M  M  E  E  E
I  R  Y  E  N  O  P  U  T  B  W  E  D  X  T
U  O  E  I  R  E  W  U  A  E  U  T  I  T  G
I  W  S  M  N  O  K  U  H  R  A  T  N  L  K
T  H  E  I  R  G  M  Q  T  I  L  Q  L  X  T
V  J  A  D  H  O  P  C  Z  B  E  V  K  L  P
M  P  S  D  N  K  F  B  Q  N  D  B  D  J  X
```

by John Hudson Tiner

 Bonus Trivia

Who said, "I see men as trees, walking"?

A blind man who Jesus healed. (Mark 8:22–25)

OVERCOME WITH LOVE

TITUS 3:3–4

For we **ourselves also were sometimes foolish, disobedi-ent, deceived, serving divers lusts** and **pleasures, living** in **malice** and **envy, hateful,** and **hating** one **another.** But **after that** the **kindness** and **love** of God our **Saviour toward** man **appeared.**

```
A  N  B  W  J  X  N  X  G  D  N  I  S  Z  W
V  F  C  H  G  N  I  V  R  E  S  N  Q  V  H
O  R  T  A  N  O  T  H  E  R  C  P  J  N  H
L  U  F  E  T  A  H  W  K  A  L  I  I  G  N
U  O  R  T  R  Y  E  I  S  E  D  F  L  T  H
E  I  S  S  B  R  Q  G  A  P  I  L  Q  A  I
Z  V  S  W  E  G  J  S  D  P  V  L  K  H  M
M  A  Q  E  N  L  U  E  O  A  E  I  I  T  K
N  S  E  I  M  R  V  Z  V  C  R  V  N  M  H
U  V  T  N  E  I  D  E  B  O  S  I  D  Q  D
P  A  Z  S  E  R  T  F  S  I  L  N  N  O  L
H  S  H  C  A  J  L  E  N  V  Y  G  E  U  W
R  M  E  W  V  L  A  A  M  F  Q  L  S  V  U
K  D  O  L  R  O  S  D  Q  O  N  T  S  P  V
V  T  R  Z  X  F  O  O  L  I  S  H  X  H  V
```

by John Hudson Tiner

 Bonus Trivia

What was the covenant that God made with Abraham as he was leaving Haran?

"I will make of thee a great nation, and I will bless thee."
(Genesis 12:1–4)

8

LOVE THE LORD

DEUTERONOMY 6:4–6

Hear, O Israel: The Lord our God is one Lord: And **thou shalt love** the Lord thy God **with all thine heart,** and with all **thy soul,** and with all thy **might. And these words, which I command thee this day,** shall be in thine heart.

```
S  A  C  A  S  B  D  R  S  F  E  G  J  H  I
K  L  O  T  D  Y  E  I  D  H  C  I  H  W  S
R  S  E  R  J  E  S  R  U  S  A  U  R  I  H
I  A  O  A  I  T  J  U  C  T  S  I  R  H  C
A  L  E  E  L  T  G  O  D  S  I  T  E  A  V
V  L  Y  H  L  A  M  I  N  R  H  O  N  L  C
O  X  A  M  E  M  S  D  R  O  W  A  V  H  E
M  S  I  U  A  I  E  Y  U  E  N  P  L  L  O
D  A  R  N  R  N  D  S  N  N  V  O  U  T  J
C  J  D  M  S  T  D  I  E  H  E  O  R  M  L
A  Y  I  W  I  T  H  R  V  H  S  M  L  E  I
T  H  G  I  M  T  B  I  E  Y  T  C  M  E  P
Y  T  A  E  H  O  B  E  S  A  C  O  S  H  O
L  A  N  E  G  D  M  O  N  D  I  L  T  T  W
T  N  J  P  E  R  Y  E  B  O  F  I  H  N  A
```

by Michele Clay

 Bonus Trivia

Who was the couple in the early church who died after lying about property sold and the money given to the church?

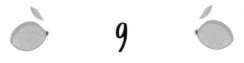

9

IN HIGH PLACES

HABAKKUK 3:17–19

Although the fig **tree** shall not **blossom, neither** shall **fruit** be in the **vines**; the **labour** of the **olive** shall **fail,** and the **fields** shall **yield** no **meat**; the **flock** shall be cut off **from** the **fold,** and **there shall** be no **herd** in the **stalls**: Yet I will **rejoice** in the Lord, I will joy in the God of my **salvation**. The Lord God is my **strength,** and he will make my feet **like hinds' feet,** and he **will make** me to **walk upon mine high places**.

```
R  Z  N  Z  E  F  G  U  N  K  M  X  W  O  U
K  R  I  D  A  C  N  O  O  I  C  B  I  Q  V
Q  W  K  I  H  F  I  E  L  D  S  O  L  D  E
R  S  L  L  A  T  S  H  I  I  E  H  L  S  S
A  K  A  A  A  D  G  Q  V  K  N  E  A  F  T
T  A  W  V  N  I  M  N  E  L  I  E  I  L  W
W  G  L  I  H  R  R  M  E  Y  V  E  K  I  L
T  A  H  T  Q  E  L  B  F  R  U  I  T  A  W
S  C  H  G  H  J  L  M  P  W  T  H  A  L  M
X  D  M  T  Z  O  R  G  O  P  E  S  E  N  N
J  Q  I  I  S  I  U  H  E  R  D  Y  M  P  I
T  E  T  S  N  C  O  G  E  N  F  E  E  T  Y
N  R  O  V  J  E  B  X  H  H  O  F  X  K  T
I  M  E  I  V  Z  A  D  R  O  L  P  N  X  Q
Q  I  S  E  C  A  L  P  S  E  D  V  U  G  C
```

by John Hudson Tiner

 Bonus Trivia

Who built a fleet of trading ships that were wrecked before they ever set sail?

10

GODLY ADDITION

And **beside this, giving** all **diligence**, add to **your faith** virtue; and to **virtue knowledge**; and to knowledge temperance; and to **temperance** patience; and to **patience** godliness; and to **godliness** brotherly kindness; and to **brotherly kindness charity**. For if **these things** be in you, and **abound, they make** you **that** ye **shall neither** be **barren** nor **unfruitful** in the knowledge of our **Lord Jesus Christ**.

```
C Q P A T I E N C E H Q Z U O
R S U S E J I S C Y A T B L U
T H I N G S O N E C T G I L S
C W P O F U A B C H O B D A O
T N Y T I R A H C D T R B H F
R E E N E R U U L K O O H S X
J G J P R C K I S L U T B D M
T D M E F E N S T N Y H Z I Q
E E N R V E E D F O E V G B
T L C C S N D E G Z U R M I R
A W S S D I M U S I R L A V T
K O I N S T Y T T U L Y K I A
U N I E A X H R E H T I E N T
S K B H C H R I S T E T D G K
M T T B J U K V S K A Y E A T
```

by John Hudson Tiner

 Bonus Trivia

Where did Peter find a coin to pay the temple tax?

11

WHOM WILL YOU SERVE?

JOSHUA 24:15

And if it **seem evil unto** you to serve the LORD, **choose** you **this** day **whom** ye **will** serve; **whether** the gods **which your fathers** served **that were** on the **other side** of the **flood**, or the **gods** of the **Amorites**, in **whose land** ye **dwell**: but as for me and my **house**, we will **serve** the LORD.

```
Y  Z  V  F  S  Y  E  S  O  H  W  L  N  M  D
N  R  R  P  A  U  E  V  F  Y  M  A  F  G  R
J  W  E  Z  G  T  V  I  M  G  E  N  O  X  P
R  U  H  O  I  K  H  O  U  S  E  D  T  L  W
R  U  T  R  K  L  L  E  W  D  S  H  E  X  Y
U  N  O  V  E  W  C  O  R  Y  I  I  W  S  Y
U  M  S  Y  P  H  H  N  Z  S  H  C  D  A  S
A  E  L  O  O  I  T  O  D  X  T  P  P  E  Q
F  L  O  O  D  C  E  E  M  A  R  W  R  B  D
A  E  S  F  G  H  V  U  H  W  L  V  P  O  F
W  E  S  E  U  R  I  T  O  W  E  Q  M  G  Q
H  R  Z  N  E  A  L  L  O  R  D  R  B  Z  S
D  C  G  S  T  R  L  L  R  M  L  C  H  M  X
O  R  Y  Z  Z  U  E  I  V  G  P  O  B  K  U
W  K  C  Q  L  O  H  W  H  E  B  C  S  Z  O
```

by John Hudson Tiner

Bonus Trivia

What did Moses use to divide the Red Sea?

12

JUSTIFIED BY FAITH

ROMANS 5:1–11

Therefore being **justified** by **faith**, we have **peace** with God through our **Lord** Jesus Christ: By whom also we have **access** by faith into this **grace** wherein we stand, and **rejoice** in hope of the glory of God. And not only so, but we **glory** in tribulations **also**: knowing that **tribulation worketh patience**; and patience, **experience**; and experience, **hope**: And hope maketh not ashamed; because the **love** of God is shed abroad in our hearts by the **Holy Ghost** which is **given** unto us. For when we were yet without **strength**, in **due** time Christ died for the **ungodly**. For scarcely for a **righteous** man will one die: yet peradventure for a **good** man some would even dare to die. But **God commendeth** his love toward us, in that, while we were yet **sinners**, Christ **died** for us. Much more then, being now justified by his **blood**, we shall be saved from **wrath** through him. For if, when we were **enemies**, we were **reconciled** to God by the death of his **Son**, much more, being reconciled, we shall be **saved** by his life. And not only so, but we also **joy** in God through **our** Lord **Jesus** Christ, by whom we have now **received** the **atonement**.

```
A  D  E  V  I  E  C  E  R  X  P  E  A  C  E
C  G  J  O  R  E  C  O  N  C  I  L  E  D  X
R  L  U  S  U  S  E  J  O  P  O  H  O  L  P
U  O  S  U  E  R  I  M  O  R  T  G  R  A  E
N  R  T  N  O  S  M  N  D  G  A  R  P  T  R
G  Y  I  T  N  E  M  E  N  O  T  A  H  S  I
O  R  F  G  N  D  U  E  N  E  T  C  T  O  E
D  E  I  D  H  S  R  E  V  I  R  E  E  H  N
L  S  E  Y  S  T  V  R  E  O  F  S  K  G  C
Y  T  D  E  S  I  E  N  T  A  L  W  R  Y  E
H  I  C  O  G  J  C  O  I  H  D  O  O  L  B
P  C  B  J  O  E  W  T  U  E  T  R  W  O  H
A  O  O  I  L  G  H  Z  O  S  L  A  E  H  O
E  Y  C  N  O  I  T  A  L  U  B  I  R  T  P
D  E  V  A  S  E  N  E  M  I  E  S  T  W  E
```

by Connie Troyer

 Bonus Trivia

Who said, "Come, see a man, which told me all things that ever I did"?

13

HIS THOUGHTS, HIS WAYS

Let the **wicked forsake his way,** and the **unrighteous man** his thoughts: and **let** him **return** unto the Lord, and he will have **mercy** upon him; and to our God, for he will **abundantly pardon. For** my **thoughts are not your** thoughts, **neither** are your **ways** my ways, **saith the** Lord. For as the **heavens** are **higher than** the **earth,** so are my ways higher than your ways, **and** my thoughts than your thoughts.

```
R O M B O C Y N D E G L F H O
I A J A E A R T H K A L E I M
T B O S N U P I E O Q U R S E
S U O E T H G I R N U S T W N
T N R E S H T V L O R D A N T
I D R D E F G S I H F Y E I S
B A C R U O Y U D E G I F H Y
K N O I L N I M O R T Q O S W
E T W S N E V A E H O U S E S
Y L I E V O K E H T D E V E
M Y C R E M A R D N E I V E S
S A W A Y S N N I A L D A M A
O N O D R A P A D S T Y W S P
K I O O H H O B A A R D I P O
H O F T I V X E T D E K C I W
```

by Michele Clay

Bonus Trivia

What did Jacob say upon being reunited with Joseph at Goshen?

"Now let me die, since I have seen thy face, because thou art yet alive." (Genesis 46:29–30)

14

GOD'S WORD SHALL PROSPER

ISAIAH 55:10–11

For as the **rain** cometh **down,** and the **snow** from **heaven,** and **returneth not** thither, but **watereth** the **earth,** and maketh it **bring forth** and **bud,** that it may give **seed** to the **sower,** and **bread** to the **eater:** So **shall** my **word** be that goeth forth out of my **mouth:** it shall not return unto me **void,** but it shall **accomplish** that which I **please,** and it shall **prosper** in the **thing** whereto I **sent** it.

```
W  I  S  T  S  R  L  A  M  F  B  O  C  R  S
A  D  I  H  T  A  G  F  I  O  G  H  T  I  O
S  J  A  K  M  N  O  P  O  R  G  N  I  R  B
Q  L  I  R  I  I  E  A  R  T  H  E  E  S  I
L  I  C  H  D  A  E  S  F  H  G  P  H  I  L
J  H  T  K  S  R  L  D  W  N  S  M  O  N  O
I  P  T  O  W  I  O  Z  O  O  Q  E  T  U  B
C  I  W  E  O  W  L  T  R  D  E  F  E  Y  O
O  E  H  G  N  T  A  P  D  I  Y  O  S  D  R
R  A  N  A  S  R  L  D  M  O  U  T  H  A  S
E  T  O  S  U  E  U  D  I  O  V  O  D  R  U
V  E  W  Y  A  B  D  T  F  G  C  A  H  I  J
K  R  A  S  L  O  M  P  E  N  E  C  Q  V  Y
X  N  E  V  A  E  H  T  E  R  E  T  A  W  Z
Y  A  D  O  B  C  E  G  B  F  H  I  K  O  Y
```

by Michele Clay

 Bonus Trivia

What part of Jesus' body did a sinful woman anoint with perfume and kiss during a dinner at a Pharisee's house?

15

WHAT DOES GOD REQUIRE?

MICAH 6:7–8

Will the LORD be **pleased** with thousands of **rams,** or with ten **thousands** of **rivers** of oil? **shall** I **give** my **firstborn** for my **transgression,** the **fruit** of my **body** for the sin of my **soul**? He **hath showed** thee, O man, what is **good;** and **what doth** the LORD **require** of **thee,** but to do **justly,** and to **love mercy,** and to **walk humbly with** thy God?

```
W  I  T  H  V  A  M  E  E  H  T  P  E  I  E
W  Q  E  R  Y  L  B  M  U  H  W  H  L  R  G
S  V  P  L  A  K  Q  G  O  O  A  G  I  L  F
S  H  A  L  L  N  P  U  N  T  I  U  R  F  I
N  D  D  I  E  G  S  Q  H  V  Q  R  H  S  P
B  B  O  W  S  A  I  G  E  E  S  I  U  R  D
S  M  O  T  N  H  S  K  R  M  R  V  I  V  W
R  Q  G  D  H  R  L  E  A  E  D  E  G  N  W
J  M  S  Z  Y  A  O  R  D  R  S  R  Z  D  V
Z  Q  X  P  W  R  V  B  O  C  Q  S  L  E  P
S  P  L  F  N  Y  E  L  T  Y  B  M  I  W  U
K  C  I  L  Z  Z  O  J  U  S  T  L  Y  O  L
Z  H  O  L  V  Q  Z  Y  D  O  R  A  W  H  N
K  R  U  T  E  O  N  G  U  J  S  I  H  S  U
C  Q  K  Y  B  J  C  Q  D  F  A  G  F  W  S
```

by John Hudson Tiner

Bonus Trivia

Why was Miriam stricken with leprosy in the wilderness?

16

LAW IN SUMMARY

MATTHEW 7:12–14

Therefore all **things whatsoever** ye **would** that **men should** do to you, do ye **even** so to **them**: for **this** is the law and the **prophets. Enter** ye in at the strait gate: for **wide** is the gate, and **broad** is the way, that leadeth to **destruction,** and **many** there be which go in **thereat: Because strait** is the **gate,** and **narrow** is the way, **which leadeth unto life,** and few there be **that find** it.

```
Y  M  G  P  E  T  I  F  M  B  T  N  B  L  C
Y  J  W  G  W  L  T  I  Y  S  W  L  E  M  C
S  Y  I  I  B  H  P  N  E  T  C  H  C  M  O
P  V  D  R  T  M  A  W  M  D  H  D  A  C  E
G  S  O  E  P  M  Y  T  V  L  I  I  U  R  Z
F  A  P  D  L  U  O  H  S  U  A  W  S  N  D
D  E  S  T  R  U  C  T  I  O  N  T  E  B  G
N  A  R  R  O  W  B  P  A  W  E  X  H  A  D
U  H  P  O  G  J  E  T  J  H  U  V  T  B  K
N  P  H  E  F  W  H  S  P  X  G  E  E  U  X
T  E  H  N  W  E  W  O  P  E  T  H  D  R  U
O  K  V  T  R  A  R  H  J  F  C  H  A  S  T
Q  S  C  E  I  P  R  E  F  I  N  D  E  C  S
T  I  A  R  T  S  Y  W  H  L  X  S  L  M  P
K  T  H  A  T  I  M  W  B  T  H  I  N  G  S
```

by John Hudson Tiner

 Bonus Trivia

What three-word question did Pontius Pilate utter after Jesus said He had come into the world to "bear witness unto the truth"?

17

LISTEN TO THE LAW

NEHEMIAH 8:9

And **Nehemiah, which** is the **Tirshatha,** and **Ezra** the **priest** the **scribe,** and the **Levites that taught** the people, **said** unto all the people, **This** day is **holy unto** the L ORD **your** God; **mourn** not, nor **weep.** For all the **people wept, when they heard** the **words** of the law.

```
Y  I  M  E  D  F  C  Z  A  F  M  R  Y  Y  O
N  Y  L  L  C  N  P  K  X  O  V  B  O  K  L
F  E  L  P  N  R  U  O  M  Y  K  V  F  L  X
Z  T  H  O  I  B  N  N  N  B  H  Y  L  B  J
P  H  C  E  H  W  A  T  T  H  E  Y  V  E  D
S  A  S  P  M  Y  H  A  P  O  R  O  Z  E  D
L  T  D  G  O  I  T  U  P  E  W  V  B  B  U
E  Z  R  A  Y  H  A  G  W  C  W  K  W  L  I
Q  P  O  S  I  Y  H  H  H  I  U  U  P  P  W
Z  R  W  S  E  C  S  T  E  U  N  B  H  C  E
C  E  L  O  Y  T  R  B  N  O  N  F  K  D  A
U  V  B  O  W  H  I  C  H  D  P  K  R  F  D
V  L  U  L  R  R  T  V  I  E  B  N  M  J  N
K  R  M  E  C  D  R  A  E  H  T  I  Z  H  M
P  E  Z  S  R  H  S  W  C  L  U  U  Q  O  P
```

by John Hudson Tiner

 Bonus Trivia

How long did the Israelites spend in the desert before settling in Canaan?

18

TRUE SALTY SPEECH

COLOSSIANS 4:3–6

Withal praying also for us, that God **would open unto** us a **door** of **utterance**, to speak the **mystery** of **Christ**, for **which** I am **also** in **bonds**: That I may **make** it **manifest**, as I ought to **speak. Walk** in **wisdom toward them** that are **without, redeeming** the **time.** Let **your speech** be always with **grace, seasoned** with **salt, that** ye may **know** how ye **ought** to **answer every** man.

```
O  Y  E  S  Y  V  Y  G  C  Z  T  G  H  Z  H
S  C  G  L  A  A  D  T  E  R  M  E  H  T  E
L  D  W  W  R  L  W  E  C  A  M  O  V  Z  V
A  L  N  T  U  E  T  L  N  R  O  O  D  U  W
I  A  A  O  O  F  D  I  A  O  D  A  U  N  S
D  H  W  M  B  U  F  E  R  T  S  I  R  H  C
T  T  K  Y  J  E  G  G  E  D  I  A  G  U  M
X  I  O  S  S  I  L  H  T  M  W  N  E  L  C
Z  W  I  T  H  O  U  T  T  P  I  A  C  S  M
S  P  E  E  C  H  D  C  U  Y  U  N  T  O  V
Y  N  D  R  A  W  O  T  A  S  J  S  G  E  E
M  E  Y  Y  H  A  O  R  S  D  P  W  V  C  K
J  D  O  I  H  L  P  N  T  I  M  E  A  D  A
N  U  C  B  U  K  E  A  K  W  R  R  A  Q  M
R  H  X  R  V  Q  N  M  L  Y  G  B  B  K  Y
```

by John Hudson Tiner

 Bonus Trivia

What symbolic act did Pontius Pilate perform to try to brush aside responsibility for Jesus' crucifixion?

He washed his hands. (Matthew 27:24)

THAT I MAY KNOW HIM

PHILIPPIANS 3:10–11

That I **may know him,** and the **power** of **his resurrection,** and the **fellowship** of his **sufferings, being made conformable unto** his **death; if by any means** I **might attain** unto the resurrection of the **dead.**

```
B A P U R S H A D G I T O H G
R S O E S P G N I E B I J A I
O A W L T I T O D O M G A T G
L O A M F R U Y A M I H E T D
P I H S W O L L E F Y L R E A
T D E A G T I P D L B U A S V
W A V E S N A E M A T T A I N
R E H U H U I A M I H A T D O
N O I T C E R R U S E R H O V
Y P P A L C O J E U R I G V E
D N R B O F W A D F G A I S Y
A V A D N U L O A F F E M U H
D E L O E D A M N T A U S I T
N O C W E R N A S K Q P S L O
I V Y N D U D R O F K U L B M
```

by Michele Clay

Bonus Trivia

What was Ebenezer?

20

PRESS TOWARD THE MARK

PHILIPPIANS 3:13–14

Brethren, I count not myself to **have apprehended**: but this **one thing I** do, **forgetting those things** which are **behind,** and **reaching forth** unto those things which are **before,** I **press toward** the **mark** for the **prize** of the **high calling** of **God** in **Christ Jesus.**

```
D  A  E  M  I  B  O  C  U  F  G  U  Y  H  A
I  K  R  A  M  D  J  L  O  N  O  L  P  A  Q
T  S  I  R  U  N  A  O  I  V  T  O  P  D  U
W  O  B  X  C  I  D  T  F  U  H  R  A  E  M
I  G  N  E  R  H  T  E  R  B  I  D  N  D  A
J  H  S  U  S  E  J  V  K  Z  N  O  L  N  R
E  O  D  E  G  B  U  A  E  D  G  P  Z  E  D
H  M  A  R  H  G  I  H  O  S  S  R  A  H  Q
T  C  O  O  A  F  Z  G  I  H  S  C  V  E  U
R  F  I  F  L  W  T  C  N  U  H  E  W  R  I
O  S  T  E  M  S  O  E  R  I  Z  I  R  P  A
F  O  S  B  I  U  Y  T  N  V  H  O  Q  P  M
A  Y  E  R  N  O  I  G  A  E  S  T  R  A  R
M  A  H  T  H  O  S  E  D  I  A  I  N  G  H
A  C  E  F  I  L  G  N  I  L  L  A  C  O  A
```

by Michele Clay

 Bonus Trivia

What did Jesus compare to the sovereignty of the Spirit?

The wind. (John 3:8)

21

NAMES OF
BIBLE CHARACTERS

AHAB
ANANIAS
DANIEL
DEBORAH
ELIEZER
GERSHOM
JAMES
JESUS
JOHN
JOSEPH
JUDAS

LAZARUS
MANASSEH
MARY
MICHAEL
NADAB
NOAH
SAUL
SIMEON
SIMON
URIAH
ZECHARIAH

```
N  S  A  T  J  O  S  E  P  H  C  H  N  W  G
K  O  S  E  W  N  M  W  R  O  A  A  W  O  E
L  D  E  B  O  R  A  H  E  I  D  L  I  T  R
D  R  A  M  C  I  R  S  R  A  J  E  S  U  S
M  I  E  N  I  O  Y  U  B  E  T  O  E  D  H
I  R  B  A  I  S  R  I  E  N  O  A  H  K  O
C  E  L  E  V  E  H  H  A  S  H  A  S  N  M
H  S  A  U  L  I  L  A  O  E  B  Y  D  O  N
A  U  R  S  W  N  R  N  I  F  A  O  D  S  G
E  R  O  E  O  E  N  A  H  R  H  W  A  I  T
L  A  H  M  Z  T  S  N  O  N  A  D  M  M  H
T  Z  R  E  Y  L  E  I  T  M  U  H  T  O  I
E  A  I  N  S  W  M  A  O  J  G  A  C  N  G
Y  L  R  M  A  N  A  S  S  E  H  I  T  E  H
E  K  O  S  E  R  J  L  E  I  G  E  R  C  Z
```

by Paul Kent

 Bonus Trivia

What piece of jewelry did Pharaoh give to Joseph when he made him ruler?

22

CHANGE FOR THE BETTER

ROMANS 12:2–3

And be not **conformed** to **this world**: but be ye **transformed** by the **renewing** of **your mind,** that ye may **prove what** is that **good,** and **acceptable,** and **perfect, will** of God. For I say, **through** the **grace given unto** me, to every man **that** is **among** you, not to think of **himself more highly than** he **ought** to think; but to **think soberly, according** as God **hath dealt** to **every** man the **measure** of **faith.**

```
E  P  P  D  U  T  T  A  H  W  W  Z  P  N  W
H  I  M  S  E  L  F  W  M  I  R  H  M  I  O
A  Z  G  J  E  M  H  Q  L  O  E  I  W  W  I
T  W  T  B  W  O  R  L  D  I  N  P  W  I  D
H  C  Y  L  R  E  B  O  S  D  E  G  O  K  L
U  H  O  O  A  G  C  M  F  R  W  H  O  X  E
Y  G  Q  N  U  E  Y  T  F  S  I  G  Q  L  V
M  U  N  G  F  R  D  E  D  G  N  R  B  U  O
E  O  A  I  E  O  C  M  H  H  G  A  D  A  R
T  R  J  V  D  T  R  L  D  U  T  C  R  H  P
P  H  E  E  K  R  Y  M  S  P  N  E  F  T  D
J  T  G  N  E  M  O  R  E  A  X  T  H  I  S
T  K  I  U  V  K  A  C  H  D  K  A  O  A  F
I  H  D  O  O  G  C  T  C  N  T  H  G  F  P
T  E  R  U  S  A  E  M  L  A  W  T  N  V  D
```

by John Hudson Tiner

 Bonus Trivia

What imprisoned preacher sent his own disciples to Jesus to ask if He was the expected Messiah?

23

WHOM DO YOU TRUST?

1 TIMOTHY 6:17–19

Charge them that are rich in **this world,** that they be not **highminded,** nor **trust** in **uncertain riches,** but in the **living** God, who **giveth** us **richly** all **things** to **enjoy;** that they do good, that they be rich in good **works, ready** to **distribute, willing** to **communicate; laying** up in **store** for **themselves** a **good foundation against** the **time** to **come, that they** may lay **hold** on **eternal life.**

```
R  O  X  E  M  O  C  S  U  X  J  E  D  Y  P
I  Z  G  G  T  L  A  N  R  E  T  E  D  B  X
C  C  O  R  I  U  C  Y  G  A  U  A  G  F  E
H  U  O  V  Y  E  B  N  C  N  E  N  D  O  S
L  I  I  Z  R  C  S  I  N  R  I  C  H  E  S
Y  N  G  T  T  H  N  N  R  L  T  Y  R  T  J
G  T  A  H  T  U  S  O  L  T  I  R  A  G  K
A  I  E  E  M  B  T  I  M  H  S  L  U  L  U
N  Y  V  M  Y  I  W  T  A  G  A  I  N  S  T
S  I  O  S  M  O  N  A  W  T  S  F  D  K  T
G  C  X  E  Q  T  J  D  N  O  K  E  J  R  S
N  J  D  L  T  H  N  N  E  G  R  A  H  C  D
I  A  H  V  G  I  I  U  E  D  O  L  H  A  V
H  S  Q  E  C  S  T  O  R  E  W  O  D  E  H
T  Z  Z  S  I  N  E  F  D  H  O  L  D  U  P
```

by John Hudson Tiner

 Bonus Trivia

Whose household was saved in the siege of Jericho by displaying a red cord from a window?

24

GOD PROTECTS

EZRA 8:22

For I was **ashamed** to **require** of the king a **band** of **soldiers** and **horsemen** to **help** us against the **enemy** in the way: **because** we had **spoken unto** the **king, saying,** The **hand** of our God is **upon** all them for **good** that **seek** him; but his **power** and his **wrath** is **against** all **them that forsake** him.

```
G  M  Y  P  M  W  T  O  L  K  P  S  P  Y  A
Y  K  C  D  O  U  Q  L  E  U  C  F  M  C  K
A  C  G  U  C  H  T  E  S  E  K  L  F  A  C
D  G  N  I  Y  A  S  P  N  T  B  D  O  E  Y
X  T  N  Y  M  E  N  E  T  F  C  O  R  U  R
O  R  H  I  E  O  I  H  M  E  M  B  S  M  Y
D  G  G  O  K  C  A  D  S  D  F  Y  A  X  N
P  O  W  E  R  T  G  U  O  U  A  T  K  R  B
Q  T  R  D  P  S  A  G  L  O  U  D  E  I  U
J  J  A  N  E  C  E  Y  D  R  G  Q  Z  P  S
G  F  T  A  E  M  Q  M  I  D  U  O  H  Z  A
K  U  H  B  P  E  A  H  E  I  L  P  C  Q  P
P  N  S  A  M  H  A  H  R  N  T  W  O  L  E
J  T  X  D  N  T  L  E  S  P  O  K  E  N  Q
P  H  X  W  A  D  T  N  T  A  Q  H  W  B  J
```

by John Hudson Tiner

 Bonus Trivia

What animal feeding trough served as a temporary bed for the newborn Jesus?

25

COUNT IT ALL JOY

JAMES 1:2–4

My **brethren, count** it **all joy when** ye **fall into divers temptations; knowing this,** that the **trying** of **your faith worketh patience. But let** patience **have** her **perfect work,** that ye may be perfect and **entire, wanting nothing.**

```
V A B E L C I D O F U G Y H I
E J I K O L M P I U N A E Q R
S U T C V W A N T I N G S U W
Y Z A E O T N I W B U I C D Y
E I F T I U Y O J A H G S O I
H J I E K G N I H T O N U M P
S I N L A K R T O W O R K S R
R C E A L E I N S I L E L U E
E M H P M A E W T C E F R E P
V O W E F R F A E N D G E R H
I L S R H D T R T S A H D A O
D I T T N P B I L O N T V I F
A C E B M E R U I U O E S D G
H R R E E E M H T E K R O W E
B A T R Y I N G H G O B C I S
```

by Michele Clay

Bonus Trivia

What three items were placed in the hands of Gideon's soldiers for the assault on the Midianites?

Trumpet, pitcher, and lamp. (Judges 7:15–16)

26

THE RIGHT SPIRIT

2 TIMOTHY 1:7–9

For God hath not given us the **spirit** of **fear**; but of **power**, and of **love**, and of a **sound mind**. Be not thou **therefore ashamed** of the **testimony** of our **Lord**, nor of me his **prisoner**: but be **thou partaker** of the **afflictions** of the **gospel according** to the power of God; who **hath saved** us, and **called** us **with** an **holy calling**, not according to our **works,** but according to his own **purpose** and **grace, which** was **given** us in **Christ Jesus before** the **world began.**

```
I R Z B R U Y X G P S D F B I
E U S T E M I N D N R A E F M
P B L V D E I W O O P F C R U
E W O R L D H I O M O E E D R
D L O X R I T T I R I P S G W
E L B O C C A H E P K T X I U
L C C H I H H K E A P S S V O
L C A L I R M S R R D O D E H
A G F R D I A U I T E N W N T
C F N E G S R S U A M F U E H
A R V J B T O E X K A H O O R
C A L L I N G J L E H P L R S
S V T L E P S O G R S Y G W E
R P U R P O S E D N A G E B A
Z B M J O V Y U G V Z F D W I
```

by John Hudson Tiner

 Bonus Trivia

When Jesus said, "Man shall not live by bread alone, but by every word. . .of God," what verse was he quoting?

Deuteronomy 8:3. (Matthew 4:4)

27

WORSHIP GOD ALONE

2 KINGS 17:36–38

But the LORD, who **brought** you up out of the **land** of **Egypt** with **great power** and a **stretched** out arm, him shall ye fear, and him shall ye **worship**, and to him shall ye do **sacrifice**. And the **statutes**, and the **ordinances**, and the law, and the **commandment, which** he **wrote** for you, ye shall **observe** to do for **evermore**; and ye shall not fear other gods. And the **covenant that** I **have made with** you ye shall not **forget; neither shall** ye **fear other gods.**

```
Z  E  P  R  L  F  O  O  S  L  C  M  K  Y  O
G  O  D  S  A  T  F  A  W  O  R  S  H  I  P
M  U  R  A  U  O  C  H  M  R  A  E  F  O  L
A  T  H  D  G  R  I  M  E  D  A  M  W  G  G
R  U  E  D  I  C  A  B  A  M  N  E  Y  D  R
G  K  E  F  H  N  E  H  T  T  R  A  P  T  E
Y  W  I  T  D  S  A  E  S  P  C  T  L  W  A
H  C  S  M  O  E  G  N  V  Y  S  A  S  Z  T
E  D  E  P  E  R  H  O  C  G  O  H  T  N  P
R  N  J  V  O  O  W  C  T  E  G  T  A  N  Y
T  Z  A  F  T  M  W  I  T  H  S  N  T  L  F
T  H  G  U  O  R  B  J  C  E  E  Z  U  M  L
R  E  H  T  I  E  N  N  G  V  R  R  T  I  F
O  B  S  E  R  V  E  C  O  U  F  T  E  B  L
K  R  B  O  F  E  Y  C  G  H  W  T  S  M  M
```

by John Hudson Tiner

Bonus Trivia

Why did Naomi and Elimelech leave Bethlehem to settle in Moab?

28

PERFECT THROUGH SUFFERINGS

HEBREWS 2:9–10

But we see **Jesus,** who was **made** a little **lower** than the **angels** for the suffering of death, **crowned** with **glory** and **honour;** that he by the **grace** of **God** should **taste death** for every **man.** For it **became him,** for **whom** are **all things,** and by whom are all things, in **bringing many sons unto** glory, to make the **captain** of their **salvation perfect through sufferings.**

```
A  C  F  I  B  D  P  D  Q  M  O  H  W  R  O
H  S  L  E  G  N  A  X  E  Y  O  Z  A  O  B
G  I  L  C  O  I  R  Y  O  N  M  A  S  R  G
U  H  A  I  D  J  R  T  O  K  W  N  L  M  E
O  R  A  S  T  O  N  U  V  J  I  O  G  W  Y
R  E  W  O  L  U  R  B  E  A  G  I  R  I  C
H  D  E  G  E  F  N  S  O  N  S  T  A  C  G
T  I  J  H  D  M  U  N  I  O  E  A  C  A  Y
E  C  A  B  A  S  N  G  S  E  F  V  E  S  R
J  A  E  N  M  A  N  Y  D  F  M  L  Y  T  S
I  K  J  F  A  I  O  H  E  T  S  A  T  R  M
S  G  N  I  R  E  F  F  U  S  A  S  C  E  R
K  L  Y  B  E  E  S  G  N  I  H  T  A  E  D
I  E  M  O  K  J  P  R  O  D  A  I  R  S  B
D  N  I  A  T  P  A  C  R  S  N  Q  M  T  O
```

by Michele Clay

 Bonus Trivia

According to the Beatitudes, who will inherit the earth?

29

TESTED WITH FIRE

1 KINGS 18:23-24

Let them **therefore give** us two **bullocks**; and let them **choose** one bullock for **themselves**, and cut it in **pieces**, and lay it on wood, and put no fire under: and I will **dress** the **other** bullock, and lay it on **wood**, and put no fire **under**: And call ye on the name of **your gods**, and I **will call** on the **name** of the LORD: and the God **that answereth** by **fire**, let him be God. And all the **people answered** and **said**, It is **well spoken**.

```
F R D D T R D V I S X E T M V
X G Z H V H R J Q N P V H F U
Y J A E K W E G V A K N E P Q
E T V L S S H R A X V D M C X
T P V P O D T T E R C B S U J
H I Y O U R O V E F T A E L O
O E H E R W I G R R O A L Q S
A C S P W G I C S K E R V L A
N E K O P S J L H Q J W E N I
G S O P K B U L L O C K S I D
X D W L P U N S M I Q W E N Z
N M J L O R D U S S E R D V A
P R B E A M E W T R I M R E U
U Z H W K B R O E F Q M A N E
H L O Z J J D D Y N N S A N Q
```

by John Hudson Tiner

 Bonus Trivia

While Samuel was praying, what did God do to confuse the
Philistines who were attacking Israel at Mizpah?

He sent thunder. (1 Samuel 7:7–10)

30

PUT GOD FIRST

JOB 23:10–12

But he **knoweth** the way **that** I **take: when** he hath **tried** me, I **shall come forth** as **gold.** My **foot hath held** his **steps,** his way have I **kept,** and not **declined. Neither** have I **gone back from** the **commandment** of his **lips;** I **have esteemed** the **words** of his **mouth more than** my **necessary food**.

```
U  B  C  E  F  E  D  H  D  O  N  P  Y  T  A
L  D  M  O  R  F  F  E  R  O  M  H  J  Z  A
C  W  O  N  M  U  B  A  C  K  S  H  C  N  C
L  T  C  M  E  M  T  W  V  L  P  Y  Q  Q  Q
L  Q  D  W  S  H  A  L  L  Y  I  R  Q  D  U
I  E  E  E  H  M  W  N  C  F  L  N  I  N  Q
A  V  I  Q  M  A  C  R  D  E  N  F  E  M  T
Z  A  R  S  P  E  T  S  K  M  N  C  T  D  D
O  H  T  R  O  F  E  H  H  M  E  N  H  Y  Y
W  V  Q  T  H  A  N  T  V  S  I  N  A  F  S
R  Z  J  U  T  Z  E  W  S  T  T  A  T  O  G
W  C  C  P  U  W  V  A  S  E  H  D  A  O  O
E  M  E  O  O  N  R  H  K  E  E  I  L  D  N
F  K  D  N  M  Y  L  A  W  O  R  D  S  E  E
A  E  K  V  K  E  T  X  W  Z  F  K  T  L  H
```

by John Hudson Tiner

 Bonus Trivia

According to James, what has the Lord promised those who endure
trials and temptations?

31

DEVOTED TO LOVE

2 THESSALONIANS 3:3–5

But the Lord is **faithful,** who **shall stablish** you, and **keep** you **from evil.** And we **have confidence** in the Lord **touching** you, **that** ye **both** do and **will** do the **things which** we **command** you. And the **Lord direct your hearts** into the **love** of God, and **into** the **patient waiting** for **Christ.**

```
I  I  Z  J  N  F  Y  Y  T  S  I  R  H  C  R
H  R  Y  G  P  H  E  A  R  T  S  S  O  W  P
I  Z  U  L  T  T  C  F  L  T  J  N  I  N  S
F  U  G  O  T  L  R  I  A  O  F  L  Z  B  G
D  A  B  R  Y  O  V  B  H  I  L  L  P  N  K
O  R  A  D  M  E  L  K  D  W  T  A  I  O  U
H  O  Z  K  L  I  G  E  O  J  F  H  M  P  E
T  A  A  S  S  N  N  E  Y  D  C  S  F  R  V
T  N  M  H  J  C  I  P  H  U  Q  Y  B  U  O
X  G  E  T  E  O  T  R  O  T  N  I  T  J  L
H  A  M  I  Q  M  I  T  H  I  N  G  S  O  I
H  K  E  J  T  M  A  Z  H  A  U  J  P  Q  I
F  X  R  U  D  A  W  K  C  A  V  L  T  O  J
P  Z  N  P  I  N  P  Y  B  K  T  E  I  C  Z
T  C  E  R  I  D  T  E  E  C  J  T  M  B  E
```

by John Hudson Tiner

 Bonus Trivia

What evidence did David produce that he had spared Saul's life in the cave at Engedi?

32

BELOVED

MATTHEW 3:16–17

And **Jesus, when** he was **baptized, went** up **straightway** out of the **water**: and, lo, the **heavens were opened unto** him, and he saw the **Spirit** of God **descending like a dove**, and **lighting upon him**: And lo a **voice from** heaven, **saying, This** is my **beloved** Son, in **whom** I am **well pleased**.

```
G  B  Y  D  V  P  G  M  Y  O  K  G  Y  Y  H
E  R  A  I  V  P  G  L  J  F  T  E  S  E  I
X  E  W  P  G  N  I  Y  A  S  R  N  B  I  U
X  G  T  A  T  G  O  P  E  N  E  D  U  P  G
G  U  H  J  H  I  T  C  E  V  T  H  O  U  U
I  N  G  T  V  R  Z  N  A  O  A  N  N  V  U
L  T  I  R  I  P  S  E  K  I  W  C  B  K  E
D  N  A  D  Y  U  H  E  D  C  L  E  F  U  W
G  Q  R  E  N  B  K  P  H  E  B  C  R  G  N
K  L  T  S  J  E  S  U  S  U  K  T  O  E  B
F  S  S  A  W  L  C  E  W  E  H  I  M  P  F
C  I  T  E  L  O  E  S  B  N  F  S  L  D  J
V  H  N  L  K  V  O  J  E  U  V  I  H  A  O
S  T  E  P  P  E  P  H  X  D  D  D  M  M  S
G  W  E  A  O  D  W  H  O  M  Q  J  E  C  X
```

by John Hudson Tiner

 Bonus Trivia

Who did Jesus say would award places of honor in the coming kingdom?

33

ALIVE UNTO GOD

ROMANS 6:8–19

ALIVE
CHRIST
DEAD
DOMINION
FLESH
FREE
GOD
GRACE
HOLINESS
INFIRMITY
INIQUITY
INSTRUMENTS

JESUS
LAW
LIVETH
OBEDIENCE
OBEY
RAISED
RIGHTEOUSNESS
SERVANTS
SIN
UNCLEANNESS
UNRIGHTEOUSNESS

```
S  T  N  E  M  U  R  T  S  N  I  A  U  I  S
Q  Z  K  L  J  E  R  Y  A  I  F  P  X  S  N
B  D  R  A  B  A  V  X  W  A  L  C  E  D  I
E  F  O  M  I  O  B  E  D  I  E  N  C  E  O
F  S  E  S  T  N  A  V  R  E  S  S  A  N  L
H  M  E  G  D  I  K  F  L  U  H  I  M  O  Y
A  D  X  A  W  Y  T  R  O  P  O  N  N  I  T
S  S  E  N  S  U  O  E  T  H  G  I  R  N  I
E  D  Q  S  D  B  T  E  G  O  B  Q  E  I  M
C  I  T  Y  O  H  I  R  H  L  Y  U  P  M  R
U  R  S  B  G  G  A  T  O  I  D  I  R  O  I
L  E  I  I  K  C  E  I  Y  N  O  T  Z  D  F
A  P  R  C  E  V  I  L  A  E  N  Y  C  A  N
R  N  H  A  I  J  E  S  U  S  B  I  L  O  I
U  N  C  L  E  A  N  N  E  S  S  O  V  E  R
```

by Michele Clay

 Bonus Trivia

What did Moses strike with his staff to get water?

34

HELP YOUR BROTHER

GALATIANS 6:1–3

Brethren, if a man be **overtaken** in a **fault,** ye **which** are **spiritual, restore such** an one in the spirit of **meekness; considering thyself, lest thou also** be **tempted. Bear** ye one **another's burdens,** and so **fulfil** the law of **Christ.** For if a man **think** himself to be **something, when** he is **nothing,** he **deceiveth himself.**

H	F	L	E	S	Y	H	T	C	T	C	B	X	S	O
B	E	L	A	Q	C	P	D	F	O	O	L	H	S	Z
N	B	V	I	U	I	X	B	N	A	Y	P	B	Y	E
Z	R	T	S	F	T	U	S	Y	E	U	I	D	L	Q
S	E	O	F	O	L	I	B	P	B	G	L	E	D	W
P	T	T	V	U	D	R	K	N	Q	M	T	R	I	
C	H	T	S	E	R	P	F	I	A	I	S	P	A	M
A	R	H	R	D	R	U	H	L	P	I	D	M	E	E
T	E	I	E	R	O	T	S	E	R	S	B	E	B	N
G	N	N	H	H	E	O	A	H	B	Z	K	T	K	O
G	S	K	T	M	V	Y	C	K	C	N	E	H	W	T
I	M	I	O	F	L	D	E	C	E	I	V	E	T	H
Q	M	S	N	G	C	E	T	S	A	N	H	X	Y	I
J	B	W	A	H	I	M	S	E	L	F	Q	W	V	N
O	Q	C	B	D	A	S	L	T	H	O	U	M	E	G

by John Hudson Tiner

 Bonus Trivia

What two disciples from Jesus' inner circle, described as "unlearned and ignorant men," amazed the Jewish leaders with their courage in preaching the gospel?

35

QUEEN ESTHER'S APPEAL

ESTHER 7:3–4

Then Esther the **queen answered** and **said**, If I **have found favour** in thy **sight**, O king, and if it **please** the king, let my **life** be **given** me at my **petition**, and my people at my **request**: For we are sold, I and my **people**, to be **destroyed**, to be **slain**, and to **perish**. But if we had **been sold** for **bondmen** and **bondwomen**, I had **held** my **tongue**, **although** the **enemy could** not **countervail** the **king's damage**.

```
L L E S F C T H E N H N V R V
H X U M X O G J N F A V O U R
T H G I S U U O Y N V W T E C
W Q N A O N I N S M E K F B F
Z Y O H D T E W D B E I R F G
Q L T Q I E E M L U L N N O D
V L J T N R S D O Q H G E A L
A G E V E V I T S W P S M K U
B P I D T A O N R M D A D G O
N P Q V S I S U E O G N N D C
R E S A E L P H Q E Y B O X F
X O S U A N T Y U D U E B B Q
A P Q I E S T H E R L Q D B O
B L N A F Y T H S I R E P B O
B E E N S S U H T L R M H M G
```

by John Hudson Tiner

Bonus Trivia

A prolific writer, Solomon is considered the primary author of which Bible books?

Proverbs, Ecclesiastes, and Song of Solomon.

36

PEOPLE OF GOD

1 PETER 2:9–10

But ye are a **chosen generation**, a **royal priesthood**, an **holy nation**, a **peculiar** people; **that** ye **should shew forth** the **praises** of him who **hath called** you out of **darkness into** his **marvellous light**; Which in **time past were** not a people, but are now the **people** of God: **which** had not obtained mercy, but now **have obtained mercy**.

```
Q  D  S  V  U  J  R  S  O  G  D  D  H  M  H
V  G  W  P  E  O  P  L  E  E  R  A  A  V  G
O  H  G  F  E  H  I  N  U  R  Y  R  T  Q  T
O  G  Y  F  E  R  E  W  A  X  V  K  H  A  W
F  V  O  O  P  R  A  I  S  E  S  N  L  E  D
P  M  T  R  A  P  L  Z  L  N  T  E  H  C  X
D  R  N  T  F  U  O  L  J  G  E  S  J  F  Z
D  R  I  H  C  N  O  I  T  A  N  S  A  A  V
E  O  M  E  O  U  S  H  M  Y  D  K  O  P  W
N  D  P  S  S  L  A  Q  F  E  V  A  H  H  P
I  M  E  T  T  T  Y  T  L  T  R  A  I  U  C
A  C  D  L  U  O  H  S  A  K  E  C  N  P  F
T  I  M  E  L  G  Q  O  Y  S  H  G  Y  X  C
B  C  U  A  I  A  W  M  O  J  Z  K  B  D  R
O  U  W  L  A  E  C  B  R  D  H  Z  Q  R  T
```

by John Hudson Tiner

 Bonus Trivia

In which Bible story did a bird carry an olive leaf?

37

COVENANT OF PEACE

ISAIAH 54:9–10

For **this** is as the **waters** of **Noah** unto me: for as I have **sworn** that the waters of Noah **should** no **more** go **over** the **earth**; so **have** I sworn that I **would** not be **wroth with** thee, nor **rebuke** thee. For the **mountains** shall depart, and the **hills** be removed; but my **kindness** shall not **depart from** thee, **neither shall** the **covenant** of my **peace** be **removed**, **saith** the LORD **that hath mercy** on **thee.**

```
K  X  V  U  C  E  N  O  O  L  Q  O  F  T  Q
U  S  N  Q  F  O  C  N  R  O  W  S  Y  L  E
O  K  I  T  A  J  E  A  R  T  H  H  K  E  L
R  M  I  H  N  I  V  T  E  W  I  T  H  Y  K
M  O  U  N  T  A  I  N  S  P  L  A  A  N  L
W  R  Y  H  D  U  N  H  U  D  L  H  X  J  F
F  E  E  E  S  N  I  E  K  L  S  J  W  T  B
T  R  A  P  E  D  E  A  V  U  M  R  H  C  L
R  E  B  U  K  E  V  S  L  O  R  D  E  L  M
B  M  D  I  M  O  R  F  S  H  C  E  G  B  D
P  O  L  E  M  E  R  H  T  S  H  Z  F  W  B
P  V  U  J  T  E  A  O  C  T  A  H  T  E  F
D  E  O  A  V  L  R  Z  S  D  A  I  M  V  L
U  D  W  O  L  W  L  C  Q  X  Y  K  T  A  U
X  X  Y  C  W  V  O  B  Y  Y  O  C  I  H  Y
```

by John Hudson Tiner

 Bonus Trivia

If a cheerful heart is good medicine, what does a crushed spirit do?

38

THE PEACE OF GOD

PHILIPPIANS 4:6–7

Be **careful** for **nothing**; but in **every thing** by **prayer** and **supplication with thanksgiving let your requests** be **made known** unto **God**. And the **peace** of God, which **passeth all understanding**, shall **keep** your **hearts** and **minds through Christ Jesus**.

```
S  U  F  S  E  A  T  H  G  A  M  I  L  N  G
T  N  O  H  T  R  U  N  H  I  E  U  M  O  P
A  D  O  T  E  R  I  A  N  R  F  D  O  R  E
N  E  V  I  L  H  A  D  A  E  S  G  A  T  E
O  R  D  W  T  I  S  E  R  X  N  Y  P  M  B
Z  S  O  H  E  A  T  A  H  I  E  O  N  A  R
A  T  S  I  R  H  C  H  V  R  M  W  I  V  E
D  A  H  S  S  G  N  I  H  T  O  N  H  C  Q
I  N  T  E  N  U  G  B  L  N  E  L  A  I  U
V  D  E  W  I  S  F  O  K  P  R  E  S  Y  E
A  I  S  G  K  A  U  T  D  I  P  M  A  O  S
B  N  S  N  O  B  E  S  I  E  D  U  N  U  T
S  G  A  O  Y  R  E  V  E  B  A  G  S  R  S
I  H  P  L  E  V  R  K  D  J  H  F  U  S  A
T  N  A  D  L  A  M  H  G  U  O  R  H  T  M
```

by Michele Clay

 Bonus Trivia

In a parable describing the kingdom of heaven, where did Jesus say a man found a hidden treasure?

39

FUTURE KING

GENESIS 49:1–2, 10

And Jacob **called** unto his sons, and **said,** Gather yourselves together, that I may **tell** you **that which** shall **befall** you in the **last days**. Gather **yourselves together,** and hear, ye **sons** of **Jacob**; and **hearken** unto **Israel** your **father**. . . . The **sceptre** shall not **depart** from **Judah,** nor a **lawgiver from between** his **feet, until Shiloh come**; and **unto** him **shall** the **gathering** of the **people** be.

```
S U H N F C X M G X C E U Z P
H E C C J L L A F E B M X X S
U F V U I J T D A Y S T M D S
Z V D L P H S O N S C H O B H
C A L L E D W K G L E A R S I
H D X R Y S C J L E P T F J L
U U I J E R R E F A T H E R O
T N L A F V T U Q E R H N N H
G T T J S V I P O S E E E T H
N O S I D G J G H Y M K E R Y
I S A W L L J A W O R L W A T
V D L P X F L A C A P K T P R
A O J J O L U S E O L T E E F
J J N P D N Y H E C B Z B D G
M I I F Z F S P V A L K L F H
```

by John Hudson Tiner

 Bonus Trivia

What did Jesus call James and John?

Sons of thunder. (Mark 3:17)

40

UNCHANGING SAVIOR

HEBREWS 13:8–9

Jesus Christ the **same yesterday,** and to day, and for **ever.** Be not **carried about** with **divers** and **strange doctrines.** For it is a **good thing** that the **heart** be **established** with **grace**; not **with meats, which** have not **profited them that have been occupied therein.**

```
K  K  O  Y  U  T  B  M  P  L  D  R  U  I  A
S  Q  C  S  H  Y  B  P  H  E  S  W  G  F  Y
H  A  V  E  E  V  E  X  H  J  H  T  G  Z  E
D  B  M  H  I  N  T  S  I  R  H  C  A  D  R
O  T  H  E  R  E  I  N  T  I  D  G  I  E  T
C  N  T  P  C  L  C  R  N  E  E  B  E  H  M
C  N  E  A  B  A  B  G  T  F  R  Q  G  A  W
U  J  R  A  R  M  C  I  A  C  S  D  N  B  I
P  G  T  R  I  Z  F  H  H  L  O  P  A  O  T
I  S  I  N  E  O  E  N  T  F  L  D  R  Y  H
E  E  F  S  R  E  V  I  D  H  T  T  T  N  Q
D  R  A  P  V  K  V  O  J  E  S  U  S  D  S
E  X  T  Q  F  E  O  E  D  A  D  O  S  Y  G
J  U  T  I  G  G  X  W  R  R  G  B  R  E  X
G  R  E  E  M  Z  V  S  B  T  B  A  Y  R  N
```

by John Hudson Tiner

 Bonus Trivia

How did mourners respond when Jesus told them that Jairus's daughter was only sleeping?

41

HEALING IN HIS WINGS

MALACHI 4:2–3

But unto you that **fear** my **name** shall the **Sun** of **righteousness arise** with **healing** in his **wings**; and ye shall go **forth**, and **grow** up as **calves** of the **stall**. And ye shall **tread down** the **wicked**; for **they shall** be **ashes under** the **soles** of your **feet** in the **day** that I shall do this, **saith** the LORD of **hosts**.

```
W O V A J C J U T R U A N B E
A T A N U Y D L L A H S A O T
F G W L H A E K N P Y Q Z R S
E O A I B R C Y U G P N E S A
D O R A N T E E F N I F E T D
K D C Y U G B D O C D N U S E
Y F A G O N S R N C S A H O J
I D E K C I W O A U P M K H L
M O N U P L Y L O R A E F R E
D S T V U A V E S W I O X Y A
Z A C B F E T D H E R S S H J
I L E K S H A M U T L A E N O
P W O R G Q S U H R I O H Y E
J A L I T M K N P T S T S A R
A B R C E I U P H O L L A T S
```

by Michele Clay

Bonus Trivia

What did Elisha request of Elijah as the prophet was preparing to be taken to heaven in a whirlwind?

A "double portion" of Elijah's spirit. (2 Kings 2:9–11)

42

PLEASED TO KNOW JESUS

MARK 8:36–38

For what shall it **profit** a man, if he shall **gain** the **whole world**, and **lose** his own soul? Or **what** shall a man **give** in **exchange** for his **soul**? **Whosoever therefore** shall be ashamed of me and of my **words** in **this adulterous** and **sinful generation**; of him **also shall** the Son of man be **ashamed, when** he **cometh** in the **glory** of his **Father with** the **holy angels**.

```
S  U  O  R  E  T  L  U  D  A  Q  X  Y  D  L
A  Y  T  O  E  X  J  T  T  X  B  B  F  P  U
U  M  H  W  Q  V  C  H  S  X  H  T  Z  P  X
K  E  I  X  O  J  E  H  K  G  W  G  O  H  S
A  T  S  P  X  R  A  O  A  F  Y  L  O  H  K
S  I  Q  O  E  L  D  N  S  N  N  U  S  I  U
H  F  W  F  L  Y  V  S  T  O  G  I  L  W  G
A  O  O  G  R  T  K  A  I  H  H  E  A  U  H
M  R  R  O  R  E  H  T  A  F  A  W  P  G  L
E  P  L  J  X  W  A  N  G  E  L  S  I  I  T
D  G  D  F  E  R  R  M  J  L  H  V  O  Y  X
R  N  H  T  E  M  O  C  P  O  E  X  D  U  O
W  S  I  N  F  U  L  H  C  H  T  I  W  E  L
W  H  E  N  M  U  W  P  M  W  Q  N  D  T  H
X  G  G  P  I  C  T  E  W  L  F  T  J  A  Y
```

by John Hudson Tiner

 Bonus Trivia

How did Zacchaeus respond to Jesus' command to come down from the tree?

43

A BLESSED PEOPLE

NUMBERS 6:23–27

Speak unto **Aaron** and unto his **sons**, saying, On **this wise** ye shall bless the children of Israel, **saying** unto them, The LORD bless thee, and **keep** thee: The LORD **make** his **face shine** upon thee, and be **gracious** unto thee: The LORD **lift** up his **countenance** upon thee, and **give thee peace**. And **they shall** put my **name upon** the **children** of Israel, and I **will bless them**.

```
G  S  P  I  G  G  C  E  J  S  H  I  N  E  A
G  L  T  L  D  G  O  W  I  P  W  H  R  Y  S
V  L  L  L  I  W  U  B  L  E  S  S  Z  A  A
T  Z  A  V  D  F  N  E  R  A  C  L  V  E  V
O  Z  E  W  O  N  T  L  Y  K  L  A  Q  D  B
Z  U  P  O  N  P  E  I  O  S  M  R  F  D  T
Q  W  L  G  O  A  N  R  U  R  W  V  K  I  Z
F  M  T  Y  R  G  A  X  D  Q  D  E  E  J  L
D  R  H  S  A  A  N  B  B  L  E  S  D  P  M
B  X  I  N  A  E  C  A  E  P  I  T  H  U  P
X  Y  S  O  Y  M  E  I  U  W  Y  H  W  Z  M
T  M  B  S  Y  A  E  B  O  O  K  E  C  Q  F
L  R  S  Z  K  N  Q  K  V  U  E  Y  Z  N  J
S  O  Z  F  J  W  L  L  A  H  S  K  J  S  S
P  I  K  A  D  E  S  U  T  M  E  H  T  J  F
```

by John Hudson Tiner

 Bonus Trivia

What was Esther's big secret as she competed with other women to become the new queen?

44

ENDLESS RULE

1 CHRONICLES 17:12–15

He shall **build** me an house, and I will **stablish** his throne for ever. I will be his **father**, and he shall be my son: and I will not **take** my **mercy away** from him, as I **took** it **from** him **that** was **before thee**: But I **will settle** him in **mine house** and in my **kingdom** for ever: and his **throne shall** be established for **evermore**. According to all **these words**, and **according** to all **this vision**, so did **Nathan speak unto David.**

```
A Y R W N A S V E R E N I M E
H C E F B D M R G W S S L W H
U R C T R V O G F P T N U B Q
X E J O O M S H E A U N T O L
C M W E R O R A B U T H A T H
H B B E Q D K L X N A H T A N
Y Q V E N O I S I V W L E U Q
Q E K T E S N N H Q A P L R J
I A R M H V G B G A Y S T D I
T H R O N E D V R U L E T D V
H W U R F A O E W C K L E P V
E I S F V E M T O R Q I S H Y
S L L I W H B U I L D W E S T
E Y D U H C Q R E V Q J H D O
B D A H C T W H W Y R T F Z L
```

by John Hudson Tiner

Bonus Trivia

According to First Thessalonians, whom will God bring with Him when Jesus returns?

45

STRENGTHENING THE BELIEVER

PHILEMON 1:5–7

Hearing of thy love and faith, which **thou hast** toward the **Lord** Jesus, and **toward** all saints; **that** the **communication** of thy **faith** may **become effectual** by the **acknowledging** of **every good thing which** is in you in **Christ Jesus**. For we **have great** joy and **consolation** in thy **love, because** the **bowels** of the **saints** are **refreshed** by **thee, brother**.

```
N  N  O  W  Q  P  L  D  O  O  G  G  N  C  C
C  G  N  U  B  O  W  E  L  S  N  O  T  Q  Y
H  E  M  O  C  E  B  A  M  I  I  L  A  R  H
E  C  G  H  I  C  U  H  H  T  G  I  E  I  Z
A  Y  I  T  T  G  T  A  J  D  V  R  T  N
R  A  R  H  C  S  A  C  B  Y  E  Q  G  B  S
I  E  E  E  W  C  I  L  L  P  L  S  W  B  X
N  E  F  Q  H  N  O  B  O  Q  W  M  U  X  N
G  F  Y  R  U  V  R  E  R  S  O  D  O  S  E
E  D  I  M  E  O  F  O  D  A  N  Q  J  A  H
M  S  M  V  T  S  B  A  U  I  K  O  C  E  T
T  O  T  H  A  T  H  U  I  N  C  T  C  K  G
C  B  E  C  A  U  S  E  Z  T  A  J  M  M  C
D  R  A  W  O  T  C  A  D  S  H  L  E  C  Q
J  L  D  E  I  E  V  A  H  T  A  S  C  W  E
```

by John Hudson Tiner

 Bonus Trivia

In Jacob's dream, upon what did the angels of God ascend and descend?

46

NEITHER COLD NOR HOT

REVELATION 3:15–16

I know thy works, that thou art neither cold nor hot: I would thou wert cold or hot. So then because thou art lukewarm, and neither cold nor hot, I will spue thee out of my mouth.

```
M A S E S W A R I T E R E O M
I G H T W A O T E R L A U N D
T Y H D A E P I D A R T S C E
H A M A P E T M T Q A S H A L
T L E S T H A S E R S T S E M
W O M A E T R E W N I K G I N
I V C K O S S X F G R A I N K
N D A S G L U S A O P M N R N
T L P Y E M R A W E K U L E M
P U L E H A H Z C H I O L H A
E O U D E T C L O E S H O T G
U W N S U H E O L T B T V I A
R Z R O N A C A D I S F A E D
T P M W O N K N E R W I M N E
K A J U D I O N R U A G R W A
```

by Michele Clay

 Bonus Trivia

Which of Satan's three temptations of Christ involved a "pinnacle of the temple"?

47

WRITTEN ON THE HEART

JEREMIAH 31:33

But **this** shall be the **covenant that** I will **make with** the **house** of Israel; **After those days, saith** the LORD, I will put my **law** in their **inward parts,** and **write** it in their **hearts;** and **will** be **their** God, and **they shall** be my **people.**

```
S H V C M D V L C W N X V K O
V D V M S M L A O W F C Q S I
Q Z A I D I X W V N I N U H I
D E H Y W R S J E G H T I A S
H T H O S E A R N E W N H L U
L E W R I T E W A F U K G L O
Q W K Q H F S R N E P E U F D
I R L A T A T E T I L V E C S
L Z T R M S M R H P H J T J F
X K Y P U J I I O Z J O S H Y
B Z M D K S H E U O T U W T I
T A S T R A P H S H H W L A Q
E U K R N O K T E C P U Y D F
H Z G Q E J L Y J J M I Q S H
T X F J H U S W Y R D J D B U
```

by John Hudson Tiner

 **Bonus Trivia**

What were the names of Job's three "friends"?

Eliphaz, Bildad, and Zophar. (Job 2:11)

48

EVERLASTING COVENANT

JUDGES 2:1, 6

And an **angel** of the LORD **came** up **from Gilgal** to **Bochim**, and said, I **made** you to go up out of **Egypt**, and **have brought** you unto the land **which I sware** unto **your fathers**; and I **said**, I **will never break** my **covenant with** you. . . . And **when Joshua** had let the **people** go, the **children** of **Israel went every** man **unto** his **inheritance** to **possess** the **land**.

```
F  K  D  E  L  P  O  E  P  E  W  Q  B  I  E
M  O  Z  H  M  B  O  C  H  I  M  W  I  L  L
H  N  K  S  A  I  D  N  L  K  C  Y  C  I  E
F  C  E  A  D  J  C  A  A  I  V  U  B  L  G
U  J  O  R  E  K  S  T  G  G  P  R  G  E  N
L  W  W  V  D  R  B  I  L  J  O  S  H  U  A
P  A  E  A  E  L  B  R  I  U  S  M  D  X  T
C  U  N  H  V  N  I  E  G  R  S  O  I  J  O
G  A  T  D  A  W  A  H  S  H  E  T  D  T  T
I  A  M  C  H  W  T  N  C  U  S  V  N  I  Q
F  K  L  E  A  R  S  I  T  W  S  U  E  Q  A
G  L  C  G  K  Q  H  L  A  M  J  V  H  N  O
J  F  Q  Y  H  W  W  R  O  O  E  N  W  F  T
S  T  E  P  N  M  E  R  E  R  U  O  Y  D  G
S  Y  H  T  I  W  F  I  Y  P  D  S  M  T  V
```

by John Hudson Tiner

 Bonus Trivia

What was Peter doing when the Roman officer's men approached the tanner's house in Joppa?

EVERLASTING KINGDOM

2 SAMUEL 7:13–16

He shall **build** an house for my **name,** and I will **stablish** the throne of his kingdom for ever. I will be his **father,** and he shall be my **son**. If he **commit iniquity, I will chasten** him with the rod of men, and **with** the **stripes** of the **children** of men: But my **mercy** shall not **depart** away from him, as I **took** it **from Saul, whom** I put **away** before thee. And **thine house** and thy **kingdom** shall be established for ever **before thee**: thy **throne shall** be established for **ever.**

```
N W Y I N D T H R O N E R Y T
R Y I K N L S K O I U F E R S
H C W L B I S Y L L W G R E A
U Y W S L U Q X G W C K P H U
P N K B W B X U Y H O I P T L
T R A P E D H L I S R N P A T
X T Z M O M U L N T Y G V F B
S R E V E P D K S M Y D M A X
M A J N W R J W O U S O R M X
E R O F E B I R C O M M I T W
R S K N W T F A W S T E E H T
C K U M H X S T H V N K Y P L
Y C R O F A W A Y I M Y Q N P
V O Q H H I L Z H L I T M D K
D F H W K L V T E C B O D W B
```

by John Hudson Tiner

 Bonus Trivia

Where did God give Moses the Ten Commandments?

50

WHATSOEVER YE DO

COLOSSIANS 3:16–17

Let the **word** of Christ **dwell** in **you richly** in all **wisdom; teaching** and **admonishing one another** in **psalms** and **hymns** and **spiritual songs, singing** with **grace** in your **hearts** to the **Lord**. And **whatsoever** ye do in word or **deed**, do **all** in the **name** of the Lord **Jesus, giving thanks** to **God** and the **Father** by him.

```
M  I  V  O  R  G  O  D  M  Y  C  H  E  P  L
S  W  R  D  U  A  N  M  O  L  A  I  R  A  S
E  K  O  M  O  D  S  I  W  H  G  D  U  N  O
V  R  N  R  Y  R  H  W  V  C  N  T  B  Y  C
E  D  E  A  D  E  E  D  O  I  I  S  A  C  S
B  A  M  V  H  H  A  F  H  R  G  I  J  G  Y
O  K  T  I  E  T  R  O  I  G  N  D  N  A  M
Y  A  W  A  N  O  T  P  N  V  I  O  Z  S  I
S  D  H  Y  M  N  S  M  L  A  S  P  I  E  P
G  N  I  H  C  A  E  T  S  P  M  O  T  O  B
S  I  B  A  D  O  L  L  A  J  A  E  T  D  L
E  C  A  R  G  F  A  R  E  H  T  A  F  L  N
D  Y  O  J  I  L  L  S  G  F  W  A  E  E  R
B  L  R  E  N  A  U  E  H  R  S  W  I  T  H
L  G  N  I  H  S  I  N  O  M  D  A  D  S  O
```

by Michele Clay

 Bonus Trivia

How did Paul answer the question: "Who shall separate us from the love of Christ?"

HOLD FAST

1 THESSALONIANS 5:16–22

Rejoice evermore. Pray without ceasing. In **every** thing **give thanks:** for **this** is the **will** of God in **Christ Jesus** **concerning** you. **Quench** not the **Spirit. Despise** not **prophesyings. Prove** all **things; hold fast that which** is **good. Abstain from** all **appearance** of **evil.**

```
V W M C H R I S T J R G G B R
Q E H H O L D D E T K N N B I
Y R C I H N P D E S P I S E P
T L K N C R C N I A T S B A H
L S K N A H T E Y F H A X G J
I A X Y G R S B R R A E E W F
V R Q U R N A P I N T C N W H
E N P R O P H E S Y I N G S D
I V W Y T L V Q P O R N H S T
L L I W I E Z U J P R E G X Y
P D T G R S F E Z E A N V C J
X R H M I Q R N U S I I D E R
G O O D P L O C I H E L S U R
X R U V S E M H T U Q U R K S
E S T E E X T P E Z S M V L D
```

by John Hudson Tiner

 Bonus Trivia

Who killed Jonathan, Saul's son?

52

GOD IS LOVE

1 JOHN 4:8–11

He that **loveth** not **knoweth** not God; for God is love. In **this** was **manifested** the love of God **toward** us, **because** that God sent his **only begotten** Son **into** the **world**, that we **might live through** him. **Herein** is love, not that we loved God, but **that** he loved us, and **sent** his Son to be the **propitiation** for our **sins**. **Beloved**, if God so loved us, we **ought also** to love one **another**.

```
F  I  C  Q  U  Y  R  E  H  T  O  N  A  P  K
S  F  N  Y  O  L  N  B  E  L  O  V  E  D  G
Z  B  G  T  F  T  I  E  O  I  H  S  J  P  H
O  M  W  B  O  L  Z  V  T  U  G  O  X  U  K
I  M  R  W  Q  L  E  A  E  T  U  O  V  P  Y
S  Y  A  V  T  T  I  C  X  V  O  U  Q  Q  J
P  R  L  N  H  T  D  E  T  B  R  G  A  V  Y
D  E  G  N  I  E  R  E  H  E  H  H  E  I  U
I  P  K  P  O  F  B  T  G  C  T  T  M  B  F
Z  W  O  R  L  D  E  O  I  A  S  A  V  K  H
G  R  C  F  H  W  S  S  M  U  D  T  H  V  J
P  E  U  C  O  R  I  L  T  S  N  K  N  T  I
E  R  Q  N  Q  H  N  A  D  E  U  G  K  X  J
O  Q  K  G  T  Q  S  Q  S  Q  D  O  W  G  M
G  E  X  Z  D  U  C  A  J  D  X  O  S  C  B
```

by John Hudson Tiner

 Bonus Trivia

Which two commands did Jesus declare to be the greatest and the substance of all God requires?

Love God with all your heart, soul, and mind; and love your neighbor as yourself. (Matthew 22:37–40)

53

HE HUMBLED HIMSELF

PHILIPPIANS 2:5–8

Let this **mind** be in **you**, which was **also** in **Christ Jesus**: who, being in the **form** of **God**, thought it **not robbery** to be **equal** with God: but **made himself** of no **reputation**, and **took upon him** the form of a **servant,** and was made in the **likeness** of **men**: and being **found** in **fashion** as a man, he **humbled** himself, and **became obedient** unto **death,** even the death of the **cross.**

```
A E T H I B O C F A N D G I H
H T A E D I M L I O L A U Q E
A N Z E A M I A P C U V M M Y
L A E N P K H U M H R N A U S
I V F U E L E N O U T C D R E
B R L N O M B E C M E F G I E
L E E T S O Y R E B B O R D N
U S S P I U O H T L D R A T O
S N M A U S S I L E O M E A I
D N I M S T N E I D E B O R H
R O H B O R A T J O S A N F S
I G E O R N O T S I R H C I A
U R I A Z H O L I G U D A T F
Q E L M I O A M A O M O F S U
K A E R K E L R Y O N L L O M
```

by Michele Clay

 Bonus Trivia

What did God say when Moses doubted His ability to feed the grumbling Hebrews?

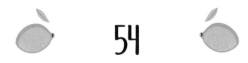

54

A NAME ABOVE EVERY NAME

Wherefore God also hath **highly exalted him**, and **given** him a **name** which is **above every** name: That at the name of **Jesus** every **knee** should **bow**, of **things** in **heaven**, and things in **earth**, and things **under** the earth; and that every **tongue should confess** that Jesus **Christ** is **Lord**, to the **glory** of God the **Father**.

```
L  N  O  R  D  O  F  A  L  H  S  E  I  D  Y
A  D  E  O  R  V  E  S  T  E  A  S  T  L  D
S  A  W  V  E  M  S  R  G  T  U  T  H  I  G
E  O  A  P  A  R  A  M  E  N  Q  G  U  E  R
B  O  D  N  P  E  W  Y  I  E  I  S  N  V  E
W  S  A  G  A  I  H  N  D  H  U  H  I  O  C
H  D  S  E  M  T  S  I  R  H  C  G  T  B  T
E  O  G  E  U  O  O  E  O  A  I  E  D  A  Y
R  L  E  N  F  Y  D  D  L  V  A  S  E  Y  H
E  S  B  K  R  N  T  H  E  R  O  A  R  M  S
F  U  L  E  U  S  O  N  U  T  U  O  G  H  R
O  S  V  E  L  A  P  C  M  E  L  T  O  I  W
R  E  H  T  A  F  I  A  V  G  E  A  T  G  E
E  J  G  F  O  E  R  G  O  D  L  A  X  H  R
T  O  S  I  T  S  E  D  L  U  O  H  S  E  J
```

by Michele Clay

 Bonus Trivia

To what church did Paul give "milk, and not with meat"?

The church at Corinth. (1 Corinth. 1 Corinthians 3:2)

55

GOD SO LOVED

JOHN 3:13–17

And no man **hath ascended** up to heaven, but he that **came down** from heaven, even the Son of man which is in **heaven**. And as **Moses** lifted up the **serpent** in the **wilderness, even** so **must** the Son of man be **lifted** up: that whosoever believeth in him should not perish, but have **eternal** life. For God so **loved** the world, that he **gave** his **only begotten** Son, that **whosoever believeth** in him **should** not **perish**, but **have everlasting life**. For God **sent** not his Son into the world to **condemn** the world; but **that** the **world through** him **might** be **saved**.

```
A  H  R  N  Z  T  P  G  Q  U  E  N  Q  C  W
M  B  K  E  V  A  H  Q  B  V  E  L  H  W  H
O  N  L  Y  W  R  T  A  E  T  O  M  H  U  G
S  I  Q  G  M  I  Z  R  T  V  D  O  A  Y  N
E  T  E  R  N  A  L  O  E  H  S  T  M  C  W
S  N  F  Q  D  A  G  D  B  O  K  N  H  N  Y
W  M  I  R  S  E  M  M  E  W  H  E  V  A  G
K  E  L  T  B  I  D  V  L  R  O  P  G  P  T
P  D  I  N  G  L  E  N  I  I  N  R  C  I  F
E  N  W  H  U  R  E  V  E  N  K  E  L  Y  C
G  O  T  O  S  D  C  R  V  C  T  S  S  D  F
D  C  H  V  L  I  F  T  E  D  S  B  A  S  T
S  S  H  G  U  O  R  H  T  K  U  A  V  N  O
C  T  O  N  E  V  A  E  H  H  M  O  E  J  E
T  M  G  H  M  X  T  B  P  L  L  S  D  M  G
```

by John Hudson Tiner

 ## Bonus Trivia

What two prophets encouraged the construction of the second temple in Jerusalem?

56

REFUGE IN GOD

NAHUM 1:7–9

The LORD is **good,** a **strong hold** in the day of **trouble;** and he **knoweth them that trust** in him. But **with** an **overrunning flood** he will make an utter end of the **place thereof,** and **darkness** shall **pursue** his **enemies. What** do ye **imagine against** the LORD? He **will make** an **utter** end: **affliction shall** not **rise** up the **second time**.

```
I  M  A  G  I  N  E  L  D  G  N  O  R  T  S
H  B  O  F  X  O  F  O  I  C  W  V  I  E  N
N  O  N  J  F  W  O  O  E  V  K  E  B  D  T
D  U  L  N  F  L  Q  M  U  L  X  R  A  G  Q
G  W  T  D  F  T  I  F  E  Z  B  R  D  E  J
F  I  N  T  S  H  M  C  T  H  K  U  R  U  X
M  T  A  H  E  E  M  G  T  N  T  N  O  S  W
W  H  A  T  I  R  M  E  E  I  L  N  L  R  B
T  L  T  I  M  E  W  S  E  C  O  I  M  U  T
L  B  E  X  E  O  S  S  E  C  O  N  D  P  U
R  X  C  E  N  F  T  S  N  I  A  G  A  D  N
V  F  A  K  E  E  R  M  V  H  L  L  I  W  H
Q  O  L  A  I  C  U  I  V  O  S  I  P  W  B
C  P  I  M  D  E  S  I  R  G  P  P  C  P  J
Z  E  B  F  P  G  T  A  V  S  Z  T  U  H  N
```

by John Hudson Tiner

 Bonus Trivia

What question did the lawyer ask Jesus after He told him to love God supremely and love his neighbor as himself?

57

SEEK GOD

AMOS 5:12–14

For I **know** your **manifold transgressions** and **your mighty sins**: they **afflict** the **just**, they **take** a **bribe**, and **they turn aside** the **poor** in the **gate from their right**. **Therefore** the **prudent** shall **keep silence** in that time; for it is an evil **time**. **Seek good**, and not evil, **that** ye may **live**: and so the Lᴏʀᴅ, the God of **hosts**, **shall** be **with** you, as ye **have spoken**.

T	F	X	S	T	P	J	Z	N	I	O	E	Z	G	K
S	R	I	G	H	T	V	U	M	U	E	I	W	D	E
Z	N	A	P	E	E	K	H	S	V	Y	O	P	Z	C
S	C	D	N	Y	C	E	M	I	T	N	O	R	Q	J
M	M	L	Y	S	L	N	L	H	K	E	U	U	I	M
G	A	T	E	H	G	K	E	F	Q	K	W	D	R	H
S	E	N	A	Q	X	R	K	L	Q	O	R	E	Z	W
H	T	V	I	H	E	U	E	X	I	P	J	N	F	E
A	E	S	M	F	T	T	E	S	G	S	W	T	T	F
L	R	E	O	C	O	M	S	M	S	R	C	I	F	M
L	I	R	F	H	N	L	O	O	M	I	G	H	T	Y
H	E	B	I	R	B	J	D	R	L	Q	O	A	Y	H
Q	H	N	U	G	O	O	D	F	O	F	K	N	X	D
Q	T	T	W	T	V	O	F	V	R	E	D	I	S	A
Z	J	W	E	L	W	A	P	Q	D	X	L	Y	S	N

by John Hudson Tiner

 Bonus Trivia

What are the four rivers in the Garden of Eden?

Pison, Gibon, Hiddekel, and Euphrates. (Genesis 2:11–14)

58

FEAR NOT

DEUTERONOMY 31:3, 6

The LORD **thy God,** he will go **over before thee,** and he will **destroy these nations** from before thee, and **thou shalt possess them:** and **Joshua,** he shall go over before thee, as the LORD **hath** said. . . . Be **strong** and of a **good courage, fear not, nor** be **afraid** of them: for the LORD thy God, he it is **that doth** go with thee; he **will** not **fail** thee, nor **forsake** thee.

```
C  R  S  Y  O  R  T  S  E  D  I  A  R  F  A
T  H  Y  Z  B  D  H  A  T  O  T  R  S  S  P
A  N  O  I  U  S  O  V  E  L  O  B  N  E  O
T  E  L  G  G  S  B  T  A  E  R  O  F  E  B
H  W  V  O  H  E  E  H  H  R  I  T  S  H  O
E  E  D  V  R  E  S  K  T  T  E  U  E  T  G
M  K  G  O  O  D  S  E  A  I  D  V  C  A  R
E  L  I  A  F  L  E  N  H  S  I  N  O  Q  D
I  G  H  T  R  O  S  U  T  T  R  A  J  B  Y
L  R  P  H  I  U  S  R  O  Y  U  O  V  I  C
P  O  E  K  T  H  O  U  J  E  S  U  F  O  T
S  N  Y  B  O  N  P  C  R  H  Y  S  I  C  W
R  U  E  T  G  P  M  E  U  O  L  P  R  I  T
O  I  L  T  O  N  R  A  E  F  H  S  L  R  F
B  C  E  W  T  T  Y  W  R  A  D  L  A  I  R
```

by Michele Clay

 Bonus Trivia

When Jesus healed the demon-possessed man named Legion, where did the demons go?

59

TAKE THE LAND

DEUTERONOMY 31:7

And **Moses called** unto **Joshua,** and **said** unto him in the **sight** of all **Israel,** Be **strong** and of a **good courage**: for thou **must** go **with this people** unto the **land which** the LORD **hath sworn unto their fathers** to **give** them; and **thou shalt cause them** to **inherit** it.

```
Q U N T O H P E O P L E W O H
K C T H F T G X C E K E L X P
Y C X I D A M V A D G A X V R
G T M S R H T R L U N Y X I X
O O G U W E S H L D O W E S N
H L O J S I H U E C R H J N Q
A C H D G T H N D R T O C R B
C L R B A T H G I S S E S O M
U O H T R W H I C H T H I W P
L V R E D N A C U S A I T S Z
R E U V I I Q A H L U Y P I D
U Y R U U J A U T H E M Q Z W
S G T O Q M N S Y A D V N Q R
P V S C E I K E V I G A S O M
L U U P E Z F G C P G X S L L
```

by John Hudson Tiner

 Bonus Trivia

What personal item did Ruth's kinsman present to Boaz as indication he would not redeem Ruth?

A shoe. (Ruth 4:5–8)

60

ACTION, REACTION

OBADIAH 1:13–15

Thou shouldest not have **entered into** the **gate** of my **people** in the day of their calamity; yea, thou shouldest not have **looked** on their **affliction** in the day of their calamity, nor have **laid hands** on their **substance** in the day of **their calamity**; neither shouldest thou have **stood** in the **crossway**, to cut off those of his that did **escape; neither shouldest** thou **have delivered** up **those** of his **that** did **remain** in the day of **distress**. For the day of the LORD is **near** upon all the **heathen**: as **thou hast** done, it shall be **done** unto **thee**: thy **reward shall return upon thine** own **head**.

```
N O Y B S Z L H S S N U U L F
K O T A H H B P Y O E T N L H
B R I N D D O R P H P I A A T
R E H T I E N U E V A H N H Z
W W A N C L K A L M C D O S S
J A S E F I D O E D S S N U T
P R T S O V L R O R E N B Q O
B D K T E E K F E L V S E Y O
W E N T E R E D F T T M T A D
P E O P L E T O R A U I S W R
T H A T H D P S N O M R R S J
E H Z T N U N C I A L I N S D
B D I A L O E W L D E E C O B
M O Z N E H T A E H S I N R F
N G A T E T C X T L Y E Y C N
```

by John Hudson Tiner

 Bonus Trivia

Who is the one authentic mediator between God and man?

61

A BRIDE FOR ISAAC

ABRAHAM
ANGEL
APPOINTED
BLESSED
CAMELS
COMFORTED
DAMSEL
DRINK
EARRING
GOLD
HAND
HEART

ISAAC
JEWELS
LABAN
LAHAIROI
LORD
LOVED
MESOPOTAMIA
OATH
PITCHER
PRAY
PRECIOUS
RAIMENT
REBEKAH
SERVANT
SILVER
VIRGIN
WELL
WIFE
WORSHIPPED

```
M A E F I W E L L I V I C T S
A P S H T A O M O U A P R O L
H P I T C H E R Y V N A P S E
A O N I G R I V S I E Y U E M
R I L A B A N B I H X O Z D A
B N M A H E N C L D I S A A C
A T E A D L O G V C B P K M L
F E L S T G H I E J L M P S O
G D O T L O S R R L E D R E Q
N D R U V E P W E X S R T L D
I E D E D R W O C B S I B A Z
R V T N A V R E S F E N G H A
R O R Y Q M P L J E D K J K I
A L S I T N O T N E M I A R N
E C O M F O R T E D D N A H N
```

by Michele Clay

 Bonus Trivia

Who led a dance of joy wearing only a linen cloth when the ark of the covenant arrived in Jerusalem?

62

GROWING IN LOVE

2 THESSALONIANS 1:3–5

We are bound to **thank** God **always** for you, **brethren,** as it is **meet, because** that your faith **groweth exceedingly,** and the **charity** of **every** one of you all **toward each other aboundeth;** so that we **ourselves glory** in you in the **churches** of God for your **patience** and **faith** in all **your persecutions** and **tribulations** that ye **endure:** which is a **manifest token** of the **righteous judgment** of God, **that** ye may be **counted worthy** of the **kingdom** of God, for **which** ye also **suffer.**

```
M O D G N I K F E S R V S K H
C H U R C H E S S N J T N T W
W G G R T R U O Y O R A E N R
V L Y F S A N C B I H D R E W
R O G L C E B C B T N E H M M
I R F E G E L U B U T T T G W
G Y B A V N L V O C O N E D J
H M H E I A I B E E K U R U K
T U R T T T A D B S E O B J G
E Y T I R A H C E R N C N I R
O R O O L O E C N E I T A P O
U N U W W A W E J P C Q H Y W
S D A D C A U O Z R Q X S A E
M Y T H N K R M A N I F E S T
S S U F F E R D G B W H I C H
```

by John Hudson Tiner

 Bonus Trivia

In the parable of the Good Samaritan, what did the Levite do when he saw the wounded traveler?

Looked at him and passed on the other side. (Luke 10:30, 32)

63

AN UPLIFTED LIFE

JAMES 4:7–10

Submit yourselves **therefore** to God. **Resist** the **devil**, and he will **flee from** you. Draw nigh to God, and he **will draw nigh** to you. **Cleanse** your **hands**, ye **sinners**; and **purify** your **hearts**, ye **double minded**. Be **afflicted**, and mourn, and **weep**: let your **laughter** be **turned** to **mourning**, and your joy to **heaviness**. **Humble yourselves** in the **sight** of the **Lord**, and he **shall lift** you up.

```
W T I M B U S R K S D L J L C
H D H I S I N N E R S L J X U
Z A W E E P V V R T S I S E R
J L N X R V L I A H H W M T D
J E E D S E P F U R U G O M O
N X L E S A F Q K D D W U A U
G H I R L L O R D E S R A B
U P U R I F Y H R C S V N B L
F O S C N C U Z X E N S I Y E
Y K T O L M X R N D A Y N L I
T E R L B S F I E M E H G I N
D P A L I B V N K F L D A T F
L H E G W A R D A R C E N F R
S X H N E U Z Z Y V S I W I O
U T D H T D T M P R N H F L M
```

by John Hudson Tiner

Bonus Trivia

What couple lost their garden home, suffered many hardships, and ultimately died because of their sin of disobedience?

64

BUY OF ME GOLD

REVELATION 3:17–18

Because **thou sayest**, I am **rich**, and **increased** with **goods**, and have **need** of **nothing**; and **knowest not** that thou **art wretched**, and **miserable**, and **poor**, and **blind**, and **naked**: I **counsel** thee to **buy** of me **gold tried** in the **fire**, that thou mayest be rich; and **white raiment**, that thou mayest be **clothed**, and that the **shame** of thy **nakedness** do not appear; and **anoint** thine **eyes** with **eyesalve**, that thou mayest **see**.

M I B N I S R T N I O N A Y M
A U I S P L A E V L A S E Y E
Y A D E S A E R C N I C H T U
C W H I T E R I A S G O N D V
O L D E F L N F S H D E P I R
U K L E L O T D O K M O B O K
N U O H T B E R E I E N O E A
S A G H S H A M A K L P M G O
E B I H C I R R L N A A K A X
L N A T L S O N E A H N A D B
G O E S O W E E Y S O I E N G
I R N E T E D Y O W I K R E S
W E T Y H O I N E G A M H A M
A N E A E L N S D N I L B N E
K I N S D G T R I E D O O R V

by Michele Clay

 Bonus Trivia

What did Paul tell the Ephesians had broken down the wall separating Jew and Gentile?

65

LOVE IS GREATEST

1 CORINTHIANS 13:11–13

When I was a child, I **spake** as a child, I **understood** as a child, I **thought** as a child: but **when I became** a man, I put **away childish things**. For now we see **through a glass, darkly**; but then face to **face**: now I know in **part**; but **then shall** I know **even** as **also** I am **known**. And now **abideth faith, hope,** charity, these **three**; but the **greatest** of **these** is **charity**.

W	M	E	F	Y	U	K	M	G	X	O	C	L	B	H
A	B	U	C	Y	O	J	I	T	T	W	S	D	T	U
J	Y	C	E	T	S	B	T	H	E	T	H	I	Q	N
E	P	O	H	I	A	P	O	E	M	G	A	E	J	E
A	L	R	E	R	Q	U	H	N	U	F	L	D	N	V
T	E	V	T	A	G	P	Y	O	O	L	L	C	N	E
E	R	E	W	H	C	N	R	A	L	S	O	Z	C	Z
P	N	A	T	C	E	H	I	O	P	S	P	A	K	E
L	Y	R	P	S	T	S	I	P	Y	A	F	B	E	C
T	M	O	P	X	E	M	E	L	E	L	Z	I	B	F
U	N	D	E	R	S	T	O	O	D	G	G	D	X	Q
K	C	W	J	B	E	C	A	M	E	I	G	E	M	S
S	O	E	O	Y	I	L	I	E	I	F	S	T	R	T
P	G	G	S	N	B	Y	L	K	R	A	D	H	V	W
D	W	L	L	E	K	E	X	E	S	G	N	I	H	T

by John Hudson Tiner

 Bonus Trivia

Who said, "How long will it be ere ye make an end of words? Mark, and afterwards we will speak"?

66

HOW TO KNOW GOD

1 JOHN 2:1-3

My **little children, these things write** I **unto** you, that ye sin not. And if any man sin, we **have** an **advocate with** the **Father, Jesus Christ** the **righteous**: And he is the **propitiation** for our sins: and not for **ours only,** but **also** for the **sins** of the **whole world.** And **hereby** we do know **that** we **know** him, if we **keep** his **commandments**.

```
N  C  N  F  A  T  H  E  R  W  O  N  K  X  O
M  O  W  C  G  L  T  Z  L  U  D  N  U  S  R
L  M  I  Y  H  A  P  O  R  T  S  N  L  V  O
K  M  T  T  C  I  E  S  E  H  T  A  B  Y  X
S  A  H  O  A  M  L  C  T  O  A  I  B  E  R
E  N  V  K  S  I  P  D  I  R  H  O  L  H  F
G  D  I  R  F  U  T  V  R  Q  T  O  K  Z  Y
A  M  Q  S  T  B  S  I  W  E  H  C  K  Q  P
H  E  R  E  B  Y  G  E  P  W  N  W  S  W  P
V  N  N  A  N  H  N  P  J  O  O  L  K  W  F
X  T  Z  I  T  S  I  R  H  C  R  R  E  O  U
A  S  K  E  E  P  H  P  A  S  E  P  L  P  V
S  J  O  M  M  I  T  Q  V  A  D  N  E  D  Z
R  U  W  E  F  D  W  I  E  N  Y  L  Y  H  K
S  T  M  S  R  A  Q  P  Q  C  Y  X  H  L  M
```

by John Hudson Tiner

 Bonus Trivia

In Galatians, why did Paul say righteousness could not be attained by "the law"?

67

ARMY OF ONE

1 SAMUEL 17:37, 42

David said **moreover,** The LORD **that delivered** me out of the paw of the **lion,** and out of the paw of the **bear,** he **will** deliver me out of the **hand** of **this** Philistine. And **Saul said unto** David, Go, and the LORD be **with thee.** . . . And **when** the **Philistine looked about,** and saw **David,** he **disdained** him: for he was but a **youth,** and **ruddy,** and of a **fair countenance.**

```
P  T  Z  O  G  U  P  E  O  O  E  F  A  X  Q
O  H  R  S  U  W  T  V  W  J  A  F  L  U  Y
B  E  I  F  I  N  D  L  R  M  D  L  X  P  Q
S  E  D  L  Y  H  T  I  M  Z  E  M  M  W  N
X  B  L  E  I  A  T  O  A  B  F  Y  X  O  I
D  F  A  I  R  S  R  N  F  S  H  L  W  D  C
E  C  N  A  N  E  T  N  U  O  C  R  U  A  E
N  H  T  U  O  Y  V  I  W  S  S  S  G  D  M
I  J  H  V  K  B  E  I  N  Z  D  H  O  C  E
A  Q  E  V  P  F  T  T  L  E  B  Q  X  K  S
D  R  S  L  T  H  A  T  K  E  K  M  D  T  J
S  D  W  A  I  W  B  O  Y  D  D  U  R  D  I
I  N  Q  I  U  Q  O  P  Q  G  G  A  O  N  K
D  A  V  I  D  L  U  C  X  Q  E  T  L  F  Q
W  H  E  N  A  I  T  M  L  B  J  R  D  M  Z
```

by John Hudson Tiner

Bonus Trivia

What enemy of Israel stole the sacred ark of the covenant and was cursed with many calamities for seven months?

68

MIGHTY GOD

ZEPHANIAH 3:16–18

In that day it **shall** be **said** to **Jerusalem, Fear thou** not: and to **Zion,** Let not **thine hands** be **slack.** The LORD thy God in the **midst** of thee is **mighty;** he will **save,** he will **rejoice** over thee with joy; he will **rest** in his **love,** he will joy **over** thee **with singing.** I **will gather them that** are **sorrowful** for the **solemn assembly,** who are of **thee,** to **whom** the **reproach** of it was a **burden.**

```
P  W  D  N  K  M  M  X  J  M  P  O  F  Y  S
H  H  Y  R  D  I  R  E  V  O  U  H  W  F  A
I  O  R  E  G  E  R  C  F  U  T  M  O  I  V
H  M  E  H  T  U  I  J  O  I  T  H  I  N  E
Z  W  T  T  S  U  S  E  W  P  C  L  O  V  E
M  Y  W  A  E  O  G  L  L  A  H  S  Q  U  R
F  R  L  G  R  N  R  S  O  L  E  M  N  A  L
F  E  E  B  I  W  L  R  O  U  E  Y  Z  Z  Z
M  J  A  G  M  A  P  R  O  C  H  Q  H  V  U
F  O  N  R  C  E  D  Z  S  W  T  P  D  G  Q
R  I  M  K  R  H  S  V  D  V  F  F  R  W  L
S  C  I  T  N  C  V  S  N  I  E  U  L  Z  R
N  E  D  R  U  B  U  E  A  O  A  L  L  C  M
W  S  S  U  V  D  U  E  H  T  I  S  K  L  K
Q  E  T  H  A  T  X  C  C  W  W  Z  L  G  A
```

by John Hudson Tiner

 Bonus Trivia

According to the book of Hebrews, how did Christ achieve our eternal redemption without animal sacrifices?

By His own shed blood. (Hebrews 9:12–14)

69

TWO LOVE COMMANDMENTS

LUKE 10:25-29

And, **behold**, a **certain lawyer stood** up, and **tempted** him, **saying**, Master, what **shall** I do to **inherit eternal life**? He said unto him, **What** is **written** in the law? how **readest** thou? And he **answering** said, Thou shalt **love** the **Lord** thy God with all thy **heart**, and with all thy **soul**, and with all thy **strength**, and with all thy **mind**; and thy neighbour as **thyself**. And he said unto him, Thou **hast answered right: this** do, and **thou shalt live**. But he, **willing** to **justify himself**, said unto **Jesus**, And who is my **neighbour**?

```
H  V  Z  D  H  F  W  H  A  T  C  P  D  T  P
E  T  E  R  N  A  L  N  Y  S  D  E  S  L  M
X  T  G  T  H  Y  S  E  L  F  T  S  S  A  T
U  I  N  N  L  W  C  T  S  P  I  O  S  H  B
N  R  Y  L  E  W  E  B  M  H  H  T  O  S  T
I  E  A  R  V  R  R  E  T  O  E  U  S  D  Y
D  H  I  E  O  S  T  L  U  R  A  H  C  U  Q
S  N  V  G  L  Q  A  S  W  A  R  I  G  A  J
G  I  I  M  H  W  I  Y  D  F  T  M  N  K  S
L  M  T  M  Y  B  N  L  I  F  E  S  I  Z  Z
S  U  S  E  J  T  O  T  O  N  W  E  L  E  L
O  D  R  O  L  H  U  U  H  E  G  L  L  J  J
U  N  T  S  E  D  A  E  R  G  O  F  I  Z  Q
L  T  V  B  O  Z  N  E  T  T  I  R  W  U  X
T  V  C  J  R  G  D  H  T  Q  D  R  M  D  T
```

by John Hudson Tiner

 Bonus Trivia

Who was denied entrance into the Promised Land for an act of impatience and faithlessness at Meribah?

70

FIRST COMMANDMENT

EXODUS 20:2-4

I am the LORD thy God, **which** have **brought** thee out of the **land** of **Egypt,** out of the **house** of **bondage.** Thou shalt **have** no **other gods before** me. **Thou shalt** not **make unto thee** any **graven image,** or any **likeness** of any **thing** that is in **heaven above,** or that is in the earth **beneath,** or **that** is in the **water under** the **earth.**

```
K  J  H  F  E  L  F  E  E  H  T  G  F  R  G
M  N  I  P  R  B  W  V  G  S  G  O  H  W  G
K  N  O  C  L  A  A  X  B  N  B  D  I  R  P
P  G  O  O  T  H  E  R  I  O  J  S  N  N  E
M  J  R  E  S  U  O  H  O  T  N  U  T  A  G
X  D  R  C  V  U  T  R  W  P  E  D  L  K  L
K  W  L  L  G  O  J  K  E  P  V  Z  A  M  I
I  H  C  H  R  H  B  R  O  J  A  I  H  G  K
S  O  T  G  A  T  O  A  G  M  E  P  S  E  E
V  Y  C  A  V  F  W  H  I  C  H  D  Y  U  N
T  P  Y  G  E  U  P  E  M  J  O  M  A  K  E
U  U  I  B  N  N  N  L  A  B  V  X  J  F  S
F  N  X  L  I  X  E  D  G  R  J  R  A  H  S
J  Q  S  W  I  L  I  B  E  W  T  H  A  T  T
H  N  R  L  S  E  R  F  M  R  L  H  Y  D  W
```

by John Hudson Tiner

 Bonus Trivia

How did the father of John the Baptist communicate the name of his son to his relatives?

He wrote on a tablet. (Luke 1:57–63)

71

AN IMPORTANT QUESTION

ACTS 16:30-33

And **brought** them out, and said, **Sirs, what must** I do to be saved? And they **said, Believe** on the Lord **Jesus Christ,** and **thou shalt** be **saved,** and thy house. And **they spake unto** him the **word** of the **Lord,** and to all **that were** in his **house.** And he **took them** the **same hour** of the **night,** and **washed their stripes**; and was **baptized,** he and all his, **straightway.**

```
T E J R A E R E W T L A H S S
D J E L C S S B O K F D E T G
R I M H H I E E R R U P S R H
O R A Z R L N D D O I S U A S
L N S S I Q P M E R U P O I V
Z R T E S G F Y T Z N G H G N
H D V U T J E S U S I O H H R
D E V A S T U R K W G T Y T G
G H Y B M K I F G R H O P W V
R S P A K E I T H A T A I A T
L A G V H T N M Q H A S T Y B
W W E T S P R G E O L M U I W
T P H Q H U M Y T H E M M M O
P D H K O O T N I B B E I Q H
G D G H Y Q U Z D N K C S K A
```

by John Hudson Tiner

 Bonus Trivia

Whom did Elijah defeat on Mount Carmel when fire fell from heaven?

72

TODAY IF YE WILL HEAR HIS VOICE

HEBREWS 3:14–15

For we **are made partakers** of **Christ,** if we **hold** the **beginning** of **our confidence stedfast unto the end; while** it is **said, <u>To day</u>** if ye **will hear his voice, harden not your hearts,** as in the **provocation.**

```
S  T  I  M  I  N  E  V  R  Y  A  D  O  T  W
E  H  M  O  N  I  C  I  S  P  S  T  O  N  O
L  I  R  N  G  H  N  R  O  L  U  A  D  F  B
I  M  U  E  D  N  E  D  R  A  H  S  O  O  E
H  I  O  M  I  K  D  R  O  N  I  P  D  R  G
W  N  Y  S  A  T  I  U  A  D  O  T  N  U  I
I  A  S  T  S  A  F  D  E  T  S  U  E  T  N
N  P  R  T  O  P  N  U  V  D  T  P  S  U  N
O  A  U  F  R  R  O  S  W  L  I  I  C  V  I
P  N  O  I  T  A  C  O  V  O  R  P  N  I  N
H  A  L  E  B  P  E  O  U  H  G  A  S  N  G
L  E  M  M  G  H  I  H  C  I  H  T  E  G  H
E  M  A  A  T  C  D  I  H  P  R  S  N  H  E
R  D  N  C  E  U  W  I  L  L  E  U  I  G  N
E  O  B  R  S  V  M  G  T  I  G  S  L  E  O
```

by Michele Clay

 Bonus Trivia

How were the Roman Christians urged to avoid being "conformed to this world"?

By the renewing of their minds. (Romans 12:2)

73

THE MESSENGER

MALACHI 3:1–2

Behold, I **will send** my messenger, and he shall **prepare** the way **before** me: and the L<small>ORD</small>, whom ye **seek**, shall **suddenly** come to his **temple, even** the **messenger** of the **covenant, whom** ye **delight** in: **behold,** he shall **come, saith** the L<small>ORD</small> of **hosts.** But who may **abide** the day of his **coming?** and who **shall stand when** he **appeareth?** for he is like a **refiner's fire,** and **like fullers' soap.**

```
M  D  A  L  O  R  D  H  F  U  L  L  E  R  S
Z  K  N  K  L  P  Y  K  M  T  V  M  E  E  T
M  P  E  E  U  A  T  L  I  K  E  G  V  F  E
M  E  F  W  S  O  H  U  N  Z  N  N  E  I  Z
S  O  L  A  I  S  G  S  N  E  H  W  N  N  O
W  T  I  J  P  L  I  L  S  Q  D  R  U  E  M
M  T  A  G  D  P  L  S  F  T  E  D  A  R  V
H  N  H  N  B  B  E  D  N  E  R  O  U  S  H
H  V  K  I  D  M  D  A  D  P  D  N  J  S  O
E  W  Z  M  E  Y  N  I  R  Y  M  X  B  U  S
D  E  R  O  F  E  B  E  M  E  L  P  M  E  T
F  J  R  C  V  A  P  M  C  R  T  F  W  M  S
T  B  F  O  P  A  J  O  M  X  A  H  H  G  I
X  U  C  E  R  I  F  C  L  L  O  T  D  P  N
S  W  B  E  H  O  L  D  T  M  A  F  T  P  M
```

by John Hudson Tiner

 Bonus Trivia

Who disobeyed the command of Pharaoh, king of Egypt, to save the male children of the Hebrews?

Hebrew midwives. (Exodus 1:15–17)

74

PRINCE FOREVER

EZEKIEL 37:24-25

And David my servant shall be **king over** them; and they all shall have one **shepherd**: they shall **also walk** in my **judgments**, and **observe** my **statutes**, and do **them**. And they shall dwell in the **land that** I have **given unto Jacob** my servant, **wherein your fathers have dwelt**; and they shall **dwell therein, even they**, and their children, and their children's **children** for ever: and my **servant David shall** be **their prince** for **ever**.

```
R C S H M W L J A Q M B F A N
B C T H A T B U T K L A Q R V
T H E R E I N D C H I N C P G
E C N I R P W G I V E N A T W
Y B H A V E H M R O A I G H N
Y C M Q L S K E E S S O R E Q
M N W L I L E N R O R U O Y W
U L H D A R E T B D E N I D R
N K E W N R E S U Q H E I N C
G Q R E D G E V B T T V H A G
E S E L U R L J O F A E P L A
N T I T V X R L C D F T R L P
E H N E A V T N A V R E S D H
C E E O F Q H F J H V O T N U
I M F S W O J B Y E S Y M G G
```

by John Hudson Tiner

 Bonus Trivia

Upon being released from prison for preaching about Christ, who told authorities: "We ought to obey God rather than men"?

75

BE CONTENT

PHILIPPIANS 4:11–13

Not that I **speak** in **respect** of **want**: for I have **learned**, in **whatsoever state** I am, **therewith** to be **content**. I **know** both how to be **abased**, and I know how to **abound**: **every where** and in all things I am **instructed both** to be **full** and to be **hungry**, both to abound and to **suffer need**. I **can** do **all things through Christ** which **strengtheneth** me.

```
Y A E V E R Y B E D U C I F A
R L T A K E R E H W J H W Y L
G M A B A S E D P N A O H E L
N H T I W E R E H T Y N A A Q
U A S H W C T S I R H C T B U
H H X A I A E C R T I W S O R
R G S F T N O S I T V U O U Y
U X U J C N G Y P C U B E N A
E L I O T D I S Q E M O V D K
L S P E R O K H I P A L E E V
I T N I D H P S E S Y K R N I
H T E N E H T G N E R T S R W
M O L R E F F U S R M L A A U
E C B A N I N S T R U C T E D
N O D G K E R B O T H E O L E
```

by Michele Clay

Bonus Trivia

What two animals appeared in a prophetic vision of Daniel's, near the Ulai Canal?

76

GOOD NEWS

ISAIAH 9:6-7

For unto us a **child** is **born,** unto us a son is **given**: and the **government** shall be upon his **shoulder**: and his **name** shall be **called Wonderful, Counsellor,** The **mighty** God, The **everlasting Father,** The **Prince** of Peace. Of the **increase** of his government and **peace there shall** be no end, upon the **throne** of **David,** and **upon** his **kingdom,** to **order** it, and to **establish** it with **judgment** and **with justice from** henceforth **even** for ever. The **zeal** of the LORD of **hosts will perform** this.

```
T N E M G D U J L L A H S R T
L O R D N L I N C R E A S E O
W K G L I G I V E N S O F H X
G E C I T S U J C A T W I T H
R O V H S L Y E L M A P W A M
E O V C A B F U B E B I R F E
D K L E L O F C A L L E D N U
L I Z L R R A Y L I N O P U
U N W T E N O L E T S R P V M
O G H D V S M C P V H E O X L
H D N O E S N E A T R G P L V
S O A V S I X U N F H E I X K
W M E V R T C H O T A E D M E
U N U P I E S R O C P P R R K
J F M A E D M C E Z M F E E O
```

by John Hudson Tiner

 Bonus Trivia

What friend of Jesus braved the early morning darkness alone to visit His tomb?

77

WALK IN LOVE

2 JOHN 1:4–6

I **rejoiced greatly** that I **found** of thy **children walking** in **truth**, as we have **received** a **commandment** from the **Father**. And now I **beseech** thee, **lady**, not as **though** I **wrote** a new commandment **unto thee**, but that **which** we had from the beginning, that we love one **another**. And this is **love**, that we walk **after** his commandments. **This** is the commandment, **That**, as ye **have heard from** the **beginning**, ye **should** walk in it.

```
B  Z  U  T  H  A  T  J  G  D  C  U  E  Z  I
Y  G  I  Y  D  C  T  R  T  H  O  U  G  H  X
T  X  T  B  D  H  I  X  N  A  M  K  I  T  J
H  B  E  S  E  E  C  H  C  F  M  D  E  U  K
I  E  L  E  V  G  C  H  W  H  A  V  E  R  G
S  C  A  O  F  A  I  I  G  Z  N  F  T  T  Y
J  A  L  R  U  L  B  N  O  V  D  L  T  F  H
H  E  G  Q  D  S  N  W  N  J  M  D  W  E  U
N  K  R  R  A  H  R  T  G  I  E  T  O  M  R
A  R  E  H  T  O  N  A  N  V  N  R  T  D  A
I  N  A  I  T  U  F  D  I  I  T  G  N  U  L
L  Q  T  E  A  L  Y  E  K  T  A  U  U  H  H
M  B  L  N  Y  D  C  D  L  Z  O  Y  D  J  H
P  W  Y  M  R  E  H  T  A  F  T  Y  O  Q  X
Q  C  M  O  R  F  G  L  W  L  Z  J  I  X  D
```

by John Hudson Tiner

 Bonus Trivia

What did Solomon request of the Lord as he began his reign?

78

WALK IN TRUTH

3 JOHN 1:3–5

For I **rejoiced greatly, when** the brethren **came** and **testified** of the truth that is in **thee, even** as thou **walkest** in the truth. I **have** no **greater** joy **than** to **hear that** my **children** walk in **truth**. Beloved, thou doest **faithfully whatsoever thou doest** to the **brethren**, and to **strangers**.

```
S  M  U  Y  O  F  W  F  A  H  E  O  M  M  F
D  N  W  L  E  Z  O  A  Z  U  S  D  B  D  D
T  E  W  L  E  B  E  R  N  G  J  C  B  C  D
W  R  I  U  H  G  R  E  A  T  L  Y  K  V  F
H  H  G  F  G  U  R  J  H  P  N  Z  O  C  X
E  T  A  H  I  D  T  O  H  T  W  A  U  E  S
N  E  P  T  L  T  N  I  T  R  F  O  H  T  K
Q  R  T  I  S  F  S  C  U  E  H  B  R  T  J
E  B  H  A  B  O  A  E  R  T  V  A  S  O  Q
P  C  A  F  P  M  E  D  T  A  N  E  V  H  T
M  A  T  M  E  K  U  V  F  G  O  R  N  E  E
R  O  Z  B  E  L  O  V  E  D  Q  S  H  Z  Z
D  D  R  E  T  A  E  R  G  R  R  E  T  I  P
W  D  Y  J  U  T  S  E  K  L  A  W  V  T  X
A  F  C  K  F  T  F  N  Q  R  N  L  J  M  A
```

by John Hudson Tiner

 Bonus Trivia

In Pharaoh's dream, what did the seven lean cows do with the seven fat cows?

79

WALKING AS CHILDREN

EPHESIANS 4:31–5:2

Let all **bitterness**, and **wrath**, and **anger**, and **clamour**, and **evil speaking**, be put **away from** you, **with** all **malice**: And be ye **kind** one to another, **tenderhearted**, **forgiving** one **another**, **even** as God for Christ's **sake** hath **forgiven** you. Be ye **therefore followers** of God, as **dear children**; and **walk** in love, as **Christ also** hath **loved** us, and **hath** given **himself** for us an **offering** and a **sacrifice** to God for a **sweetsmelling savour**.

```
I  M  B  H  A  W  A  Y  D  E  A  R  T  E  H
N  E  V  I  G  R  O  F  E  H  W  E  K  A  S
G  C  T  H  T  A  H  V  D  F  N  G  D  H  G
N  N  L  S  H  T  I  W  O  D  N  N  H  N  Z
I  Y  I  A  I  H  E  L  E  J  I  A  I  R  Q
V  R  B  L  M  R  L  R  B  K  G  K  M  F  U
I  U  P  T  L  O  H  M  N  N  A  A  S  N  L
G  O  L  H  W  E  U  C  I  E  L  T  E  H  J
R  V  X  E  A  W  M  R  P  I  S  V  L  K  K
O  A  R  R  J  L  E  S  C  L  E  S  F  L  A
F  S  T  E  K  F  S  E  T  D  I  S  O  A  Q
N  E  J  F  F  W  N  O  B  E  F  V  X  W  S
D  V  Q  O  F  A  N  O  T  H  E  R  E  V  D
S  A  C  R  I  F  I  C  E  D  O  W  O  P  O
V  C  N  E  R  D  L  I  H  C  N  X  S  M  D
```

by John Hudson Tiner

Bonus Trivia

What covered the ark of the covenant whenever the Israelite camp moved?

80

THE LOVE OF GOD

ROMANS 8:37–39

Nay, in all these things we are more than **conquerors through him** that **loved** us. For I am **persuaded**, that neither **death**, nor **life**, nor **angels**, nor **principalities**, nor **powers**, nor **things present**, nor things to come, nor **height**, nor depth, nor any other **creature**, shall be able to **separate** us from the **love** of **God**, **which** is in **Christ Jesus our Lord**.

```
M  O  R  H  D  M  E  S  T  T  H  G  I  E  H
O  V  E  E  L  U  S  A  S  S  A  R  F  P  A
G  E  A  A  M  I  F  I  A  I  C  A  R  R  Y
H  T  F  L  E  S  U  D  E  R  D  I  P  E  H
H  L  E  S  O  E  V  E  H  N  R  Y  S  C
S  R  O  R  E  U  Q  N  O  C  C  E  R  E  I
S  D  E  E  U  S  G  N  I  H  T  T  E  N  H
A  E  E  W  L  T  H  P  E  D  H  A  V  T  W
L  D  V  O  A  C  A  L  O  R  D  R  A  Y  A
I  A  O  P  F  L  D  E  O  V  O  A  L  P  E
R  U  L  M  I  S  O  U  R  H  D  P  I  E  R
I  S  H  T  I  N  G  V  A  C  R  E  F  I  L
M  R  I  E  N  H  H  A  E  S  U  S  E  J  K
B  E  C  S  L  E  G  N  A  D  O  J  Q  T  R
S  P  E  T  P  E  D  E  A  S  E  O  T  U  A
```

by John Hudson Tiner

 Bonus Trivia

What did Jesus say He would arrive in when He returns to earth "with power and great glory"?

81

HONOR GOD

PROVERBS 3:5–9

Trust in the LORD with all thine **heart;** and **lean** not **unto** thine own **understanding.** In all thy **ways acknowledge** him, and he shall **direct** thy **paths.** Be not **wise** in thine own **eyes: fear** the LORD, and **depart from evil.** It **shall** be **health** to thy **navel,** and **marrow** to thy **bones. Honour** the LORD with thy **substance,** and **with** the **firstfruits** of all **thine increase.**

```
O  Q  U  F  Q  N  H  Y  R  Q  E  V  K  S  P
M  G  Z  D  U  I  L  N  V  H  Y  R  U  S  S
D  Z  L  H  T  I  W  D  C  W  E  B  U  E  I
K  E  D  S  A  H  S  X  S  V  S  E  N  Q  F
T  R  U  S  T  C  I  Y  E  T  S  O  D  R  R
U  L  P  G  C  I  K  N  A  A  B  T  E  P  O
X  Q  E  Q  P  G  U  N  E  W  O  R  R  A  M
C  Q  A  V  O  S  C  R  O  F  L  A  S  T  Z
T  W  L  K  A  E  C  T  F  W  X  E  T  H  G
O  Z  R  E  D  N  N  X  Z  T  L  H  A  S  T
W  M  H  H  I  U  D  R  O  L  S  E  N  T  R
P  L  B  F  R  U  O  N  O  H  E  R  D  W  A
L  I  P  Z  E  E  F  E  A  R  L  A  I  G  P
I  V  B  Y  C  H  E  L  A  W  U  S  N  F  E
H  E  A  L  T  H  L  W  I  V  E  L  G  A  D
```

by John Hudson Tiner

 Bonus Trivia

Why did the Israelites not use leavening in their bread as they left Egypt?

82

LITTLE FOXES

SONG OF SOLOMON 2:15–17

Take us the foxes, the **little foxes, that spoil** the vines: for our **vines have tender grapes**. My beloved is **mine**, and I am his: he **feedeth among** the **lilies. Until** the day **break,** and the **shadows flee away, turn,** my **beloved,** and be **thou like** a roe or a **young hart upon** the **mountains** of **Bether.**

```
D  Y  M  M  Z  A  M  B  E  E  R  N  T  J  D
C  E  O  O  X  M  R  E  U  J  T  F  U  F  T
R  A  V  U  U  O  A  E  K  I  L  N  R  Z  J
D  S  E  O  N  N  K  H  F  E  T  G  N  G  X
R  E  H  O  L  G  T  Y  E  I  N  U  I  V  F
L  N  D  A  H  E  R  A  L  I  L  I  E  S  C
P  I  R  Q  D  A  B  W  I  X  Q  K  M  X  H
W  V  C  E  F  O  V  A  T  N  A  I  I  B  I
P  A  E  S  S  U  W  E  T  T  S  E  X  O  F
R  F  K  U  P  O  N  S  L  R  E  K  Z  I  E
H  C  K  A  B  D  Y  A  E  S  P  O  I  L  Y
R  E  H  T  E  B  P  J  T  R  A  H  X  I  B
K  Z  A  R  Q  R  B  Q  Z  J  R  T  H  L  A
T  H  O  U  Q  U  B  N  Z  G  G  R  E  M  H
T  V  V  W  C  W  D  W  Q  S  U  V  W  A
```

by John Hudson Tiner

Bonus Trivia

What did Jesus say the Pharisees would see in response to their demand for a sign from heaven?

83

JONAH'S LAMENT

JONAH 4:2–3

And he **prayed** unto the LORD, and **said**, I pray thee, O LORD, was not **this** my **saying, when** I was yet in my **country?** Therefore I **fled before unto** Tarshish: for I **knew that thou** art a **gracious** God, and **merciful, slow** to **anger,** and of **great kindness,** and **repentest** thee of the evil. **Therefore** now, O LORD, take, I **beseech thee,** my **life from** me; for it is **better** for me to die **than to live.**

```
Y  F  W  Z  I  S  E  G  N  I  Y  A  S  C  R
Y  U  M  L  W  G  C  R  R  V  N  L  Y  L  E
Z  U  S  Z  H  K  O  C  O  A  U  E  I  T  P
O  E  K  A  T  I  U  P  H  F  C  V  H  T  E
E  G  H  H  I  N  N  T  I  C  E  I  A  W  N
V  E  E  H  T  D  T  C  R  U  S  R  O  B  T
G  S  L  O  W  N  R  C  O  I  S  P  E  U  E
F  R  O  M  X  E  Y  H  L  H  T  K  S  H  S
R  B  R  Q  M  S  T  O  I  D  A  R  N  C  T
N  M  D  A  W  S  A  S  F  B  E  T  T  E  R
T  C  X  A  L  D  H  Y  E  G  R  L  T  E  W
U  Y  R  Z  A  L  T  V  N  A  G  M  F  S  H
L  U  Q  K  X  X  O  A  K  P  R  A  Y  E  D
Z  L  E  E  U  C  J  F  E  R  O  F  E  B  W
P  Q  P  O  Y  Y  Y  Q  M  Z  O  I  T  B  H
```

by John Hudson Tiner

 Bonus Trivia

What kind of knocking accompanied the handwriting on the wall that terrified the Babylonian king Belshazzar?

The knocking together of the king's knees. (Daniel 5:1–6)

84

JESUS, THE RESURRECTION

JOHN 11:25–26

Jesus said unto her, <u>I am</u> the resurrection, and the life: he **that believeth** in me, **though** he **were dead, yet shall** he **live**: And **whosoever liveth** and believeth in me shall **never die**. **Believest thou this**?

```
P  A  H  E  E  R  S  Q  U  I  V  A  W  T  U
E  R  L  G  V  O  B  D  O  E  H  T  C  S  L
D  E  E  F  I  L  A  F  N  T  O  U  I  E  S
O  V  R  I  L  E  I  X  E  H  N  B  D  V  O
T  E  Y  O  D  J  L  V  I  G  L  U  T  E  R
A  N  I  R  E  H  E  H  E  L  A  M  I  I  R
H  I  D  E  I  I  N  S  A  T  B  E  C  L  E
T  G  I  V  L  O  D  H  U  N  H  Y  U  E  L
S  O  U  E  H  I  S  A  U  S  N  R  D  B  U
T  I  B  O  A  M  Y  O  A  L  N  A  M  O  E
A  T  D  S  H  D  H  R  O  E  E  N  H  R  N
O  W  N  O  I  T  C  E  R  R  U  S  E  R  S
O  D  A  H  E  O  M  A  N  A  I  W  T  G  I
V  E  U  W  P  N  K  O  W  H  L  O  R  Y  O
E  W  N  T  U  O  G  T  T  P  A  I  M  A  I
```

by Michele Clay

 Bonus Trivia

What did Jesus say a man could forfeit, negating the gain of "the whole world"?

85

THE KING IS COMING

ZECHARIAH 9:9–10

Rejoice greatly, O daughter of **Zion; shout,** O **daughter** of Jerusalem: **behold,** thy **King cometh** unto **thee:** he is **just,** and **having salvation; lowly,** and **riding** upon an ass, and **upon** a **colt** the **foal** of an ass. And I **will** cut off the **chariot** from **Ephraim,** and the **horse** from **Jerusalem,** and the **battle** bow shall be cut off: and he shall **speak peace unto** the **heathen:** and his **dominion shall** be **from** sea even to sea, and from the **river even** to the **ends** of the **earth.**

```
D  L  O  H  E  B  I  R  E  O  D  R  E  I  J
C  A  Z  X  A  N  E  H  T  A  E  H  C  F  P
O  X  U  T  L  V  P  N  N  J  M  V  A  S  K
S  D  T  G  I  L  U  O  O  C  O  M  E  T  H
Y  L  U  R  H  X  I  I  I  H  U  V  P  N  A
E  C  O  L  T  T  C  W  N  A  C  U  G  U  V
M  E  H  W  A  E  E  Y  I  R  Z  C  I  P  I
O  E  S  V  L  F  E  R  M  I  L  Y  C  O  N
R  I  L  R  O  Y  V  N  O  O  L  K  I  N  G
F  A  S  A  O  V  O  N  D  T  S  U  J  N  N
S  K  L  E  S  H  E  C  A  S  P  Q  I  O  E
O  H  A  T  G  U  A  E  E  H  T  D  E  L  K
Q  T  A  E  P  H  R  A  I  M  I  E  I  D  O
H  F  L  L  P  G  T  E  J  R  L  K  F  X  S
D  B  G  Q  L  S  H  J  J  E  C  X  W  R  N
```

by John Hudson Tiner

 Bonus Trivia

What covenant did God make with Israel as Moses met God on Mount Sinai?

86

I WILL COME AGAIN

JOHN 14:1–4

Let not **your heart** be **troubled**: ye believe in God, **believe** also in me. In my **Father's house** are **many mansions**: if it **were** not so, I **would have told** you. I go to prepare a place for you. And if I go and **prepare** a **place** for you, I **will come again**, and **receive** you **unto myself;** that **where** I am, **there** ye may be **also**. And **whither** I go ye **know**, and the way ye know.

```
C  D  D  V  S  L  B  H  T  F  R  L  D  U  E
T  V  R  Q  Q  L  T  U  N  T  O  B  Q  Q  H
D  T  O  S  L  A  W  D  O  W  J  E  T  H  W
L  A  E  I  A  E  Q  L  X  U  R  H  I  P  U
M  M  W  V  A  E  D  U  H  E  E  Z  R  L  Q
P  A  A  E  S  U  O  H  R  C  T  E  W  F
Z  A  N  N  R  I  K  W  E  J  E  X  H  A  R
Z  V  M  Y  S  E  L  F  V  M  I  Y  T  G  I
H  A  T  K  N  I  E  E  X  Q  V  H  I  A  C
L  U  Z  X  T  R  O  U  B  L  E  D  H  I  R
S  U  P  L  A  C  E  N  M  R  K  X  W  N  L
E  R  U  P  H  O  M  T  S  Q  U  A  Z  S  A
J  V  E  Z  T  M  S  G  J  K  W  O  N  K  A
T  R  A  E  H  E  I  E  F  A  G  R  Y  K  X
P  E  G  H  L  P  T  L  B  P  Q  X  N  Z  A
```

by John Hudson Tiner

 Bonus Trivia

What "visual aid" did Jesus use to answer the disciples' question, "Who is the greatest in the kingdom of heaven"?

87

JESUS, THE WAY

JOHN 14:5–6

Thomas saith unto him, **Lord,** we **know not whither thou goest;** and **how can** we know the way? **Jesus saith unto him, <u>I am</u> the way,** the **truth, and** the **life:** no **man cometh** unto the **Father, but** by me.

```
I  B  E  Y  A  W  C  E  H  T  D  M  A  I  F
G  H  O  L  T  H  A  M  I  A  J  O  K  W  S
A  R  F  P  T  I  N  E  I  G  U  R  H  O  Y
M  O  L  A  I  S  A  I  T  H  R  I  S  N  G
E  A  M  N  T  L  U  B  R  I  T  E  A  K  H
J  D  O  A  N  H  W  S  Y  H  F  O  S  I  A
A  E  P  C  O  I  E  K  E  I  L  A  N  H  P
Q  U  I  W  O  R  D  R  L  J  M  K  T  I  P
U  I  B  N  A  M  Y  L  O  O  H  U  O  L  Y
K  M  A  O  C  E  E  O  H  V  R  I  D  D  L
A  E  M  R  S  G  H  T  O  T  A  D  A  E  I
H  P  O  D  E  T  H  U  H  U  G  N  I  B  T
Y  S  M  U  H  O  T  N  U  B  Y  A  S  Y  T
A  C  I  A  U  M  T  S  E  O  G  H  T  E  M
T  R  S  L  I  O  N  O  D  Y  M  A  O  V  I
```

by Michele Clay

 Bonus Trivia

What, according to the Song of Solomon, cannot quench love?

Many waters. (Song of Solomon 8:7)

88

BANNER OF LOVE

SONG OF SOLOMON 2:1–4

I am the **rose** of **Sharon,** and the lily of the **valleys.** As the **lily** among **thorns,** so is my love among the **daughters.** As the **apple** tree among the **trees** of the **wood,** so is my beloved **among** the **sons.** I sat **down under** his **shadow** with **great delight,** and his **fruit** was **sweet** to my **taste.** He **brought** me to the **banqueting house,** and his **banner over** me was **love.**

```
V W Z C B T T R E E S O W Y R
E E W T A Q K L G V N Q N I X
J X Z J T J R I N G R I W X T
X W U V M D S L I K O T O N O
B I Z R C T D Y T S H A D O W
A Y X X A E H A E G T O V E R
V W O E L P P A U L F Q U T F
B U R I U P Y O Q G L M Q S I
M G G M N E R C N N H A G S E
U H F T D B D N A O V T V H M
T L E R E N N A B M C E E A F
P A Q Y R E W S K A U P S R W
B X S Y D T W C R J N U O S
Y B X T W M S S W K O I O N R
S Y B A E V O L U S T D Q F Q
```

by John Hudson Tiner

 Bonus Trivia

How did Nicodemus defend Jesus when the Jewish leaders were trying to apprehend Him?

"Doth our law judge any man, before it hear him?"
(John 7:45–51)

89

LIMITLESS MERCY

LAMENTATIONS 3:22–26

It is of the Lord's **mercies** that we are not **consumed, because** his **compassions fail** not. **They** are new **every morning**: **great** is thy **faithfulness**. The Lord is my **portion, saith** my soul; **therefore will** I hope in him. The Lord is good **unto them** that wait for him, to the **soul** that **seeketh** him. It is **good that** a man **should both hope** and **quietly wait** for the **salvation** of the Lord.

S	N	O	I	T	R	O	P	T	L	D	E	P	K	V
G	S	O	H	W	Q	F	H	L	C	F	L	P	K	S
M	J	E	I	Y	A	B	A	O	C	U	A	Y	A	F
N	M	R	N	T	T	I	N	M	O	R	N	I	N	G
Y	D	Z	T	L	A	S	X	S	M	H	T	T	L	V
U	L	S	R	H	U	V	E	F	P	H	E	P	O	H
L	U	T	S	M	E	F	L	C	A	R	T	I	A	W
Y	O	I	E	W	G	R	H	A	S	H	S	O	A	R
T	H	D	S	I	J	L	E	T	S	E	Q	N	B	X
P	S	R	U	L	U	D	H	F	I	Z	N	W	J	R
R	X	O	A	L	D	Q	O	C	O	A	I	T	T	F
V	T	L	C	E	V	E	R	Y	N	R	F	A	V	O
S	H	T	E	K	E	E	S	Z	S	E	E	H	G	S
C	E	J	B	Q	M	X	V	E	Y	R	Z	T	W	V
N	Y	M	U	I	P	J	Z	I	G	O	O	D	A	W

by John Hudson Tiner

Bonus Trivia

Of the four rivers that were said to flow from the Garden of Eden, what two share names with important rivers of the modern Middle East?

Tigris/Hiddekel and Euphrates. (Genesis 2:10–14)

90

OUT OF EGYPT

HOSEA 11:1–3

When Israel was a **child, then** I **loved** him, and called my son out of **Egypt**. As they **called** them, so they **went from** them: they **sacrificed unto Baalim**, and **burned incense** to **graven images**. I **taught Ephraim also** to go, **taking** them by **their arms**; but **they knew** not **that I healed them**.

```
V S Y J N F S M R A S P J R M
F F Z G V Z C L I T A U G H T
G B Q I O F Q M W A C P U S G
I O Y E T O T D O R R Z G I A
S W E K P P E H D R I H W X F
E W H D J V T I E L F E P W D
M V T E O Q S G N N I H H E C
W X B L N R Y W R C C E G T H
B C A A A P X V U S E G A M I
B W A E T M D Y B M D N L E L
K V L H Y N O V R E D G S E D
G N I K A T Y G L H L W O E S
V F M K N E W L K T E T V T P
P A C U G R A V E N N L V K Z
P J O D N C K W T H A T R U K
```

by John Hudson Tiner

 Bonus Trivia

What did Simon of Cyrene carry for Jesus as He walked to His execution?

91

THE PROMISED LAND

LEVITICUS 20:23–24

And ye shall not **walk** in the **manners** of the **nation**, which I **cast** out **before** you: for **they committed** all **these things**, and **therefore** I **abhorred them**. But I have **said** unto you, Ye **shall inherit their** land, and I **will give** it unto you to **possess** it, a **land** that **floweth** with **milk** and **honey**: I am the LORD **your** God, **which have separated** you **from other people**.

```
X  V  Y  T  Q  T  B  H  S  F  T  H  Q  Z  B
H  O  L  H  H  Q  S  N  O  I  T  A  N  S  Q
W  C  L  E  P  J  U  T  R  N  E  V  Q  S  X
E  M  I  Y  Q  M  K  E  G  S  E  E  H  E  N
S  R  W  H  E  A  H  F  E  A  V  Y  R  S  F
S  T  O  H  W  N  Z  H  B  A  I  D  I  S  C
H  E  T  F  I  N  T  H  I  N  G  S  Y  O  N
A  L  P  F  E  E  O  R  U  O  Y  H  M  P  V
L  P  R  A  E  R  O  F  E  B  L  M  X  M  E
L  O  R  D  R  S  E  D  O  H  I  X  J  F  I
M  E  W  E  C  A  N  H  C  T  T  N  E  Y  V
E  P  D  A  N  A  T  M  T  R  Q  O  R  U  Q
R  B  S  F  L  O  W  E  T  H  L  C  F  I  C
M  T  M  I  L  K  D  U  D  I  A  S  X  W  R
K  U  X  Z  D  D  G  O  M  H  P  G  D  S  I
```

by John Hudson Tiner

 ## Bonus Trivia

How was Elijah miraculously fed at the brook Cherith while fleeing from King Ahab?

By the ravens. (1 Kings 17:1–6)

92

FOUR MEN WALKING

DANIEL 3:25–26

He **answered** and said, Lo, I see four men **loose, walking** in the midst of the fire, and **they have** no **hurt**; and the **form** of the **fourth** is **like** the Son of God. Then **Nebuchadnezzar** came **near** to the **mouth** of the **burning fiery furnace**, and **spake**, and **said**, Shadrach, Meshach, and Abednego, ye **servants** of the **most high** God, come forth, and **come hither**. **Then Shadrach, Meshach,** and **Abednego, came forth** of the **midst** of the **fire**.

R D I A S B E X N T P M M J D
E A K P P L V M T G L G Y Z F
H K Z F A U Z G A B H R S G O
T S I Z K T H E N C E A T H B
I W E L E R W J A I H R Z G M
H L K R C N I R F T K H E I V
G T I D V M D G C S F L J H F
J F U V M A Z A Y O Q L A U V
S V G O H J N S H M M V B W H
H F N S M S A T R C E I E X H
F I I R W L O O S E U S D D U
K O N E A R F Q T C R B N S R
F U R N A C E H C A H S E M T
B E U T U E E M O C E F G N P
D Q B Z H Y R K H T R U O F I

by John Hudson Tiner

Bonus Trivia

How much did the poor widow whom Jesus commended put in the temple treasury?

93

I STAND AT THE DOOR

REVELATION 3:19–20

As **many** as I **love**, I **rebuke** and **chasten**: be **zealous therefore**, and **repent. Behold,** I **stand** at **the door**, and **knock**: if **any man hear** my **voice**, and **open** the door, I **will come** in to **him**, and will **sup with** him, and he with **me**.

N	U	M	A	N	I	B	E	R	F	E	S	T	O	W
R	L	O	O	E	H	I	L	O	K	C	A	O	I	D
V	A	R	A	L	E	Z	L	A	C	T	E	T	F	I
O	F	E	R	R	E	H	I	Q	O	R	H	S	A	S
D	O	M	H	A	O	C	W	T	N	E	P	E	R	E
K	M	A	L	K	S	O	G	H	K	O	K	T	H	R
T	R	O	U	N	A	M	D	E	H	U	P	U	S	O
L	U	S	P	E	N	D	A	R	B	S	A	M	W	F
S	D	A	U	T	T	O	C	E	H	O	I	C	R	E
A	I	L	M	S	O	T	R	C	V	H	R	O	S	R
Q	R	T	O	A	E	R	S	H	A	O	L	D	Y	E
U	K	I	N	H	G	E	C	I	O	V	L	N	I	H
A	N	N	E	C	E	R	O	L	Y	N	A	A	C	T
R	N	E	P	O	S	B	M	A	E	M	G	T	A	S
S	C	E	T	E	R	A	E	P	R	A	N	S	V	E

by Michele Clay

Bonus Trivia

What was Cain's reply when God asked him about his brother?

"Am I my brother's keeper?" (Genesis 4:9)

94

ASK, SEEK, KNOCK

LUKE 11:9–13

And I say unto you, Ask, and it shall be **given** you; seek, and ye shall find; knock, and it shall be opened unto you. For **every** one that **asketh receiveth**; and he that **seeketh findeth**; and to him that **knocketh** it shall be **opened**. If a son shall ask **bread** of any of you that is a father, will he give him a **stone**? or if he ask a fish, will he for a **fish** give him a **serpent**? Or if he shall ask an egg, **will** he **offer** him a **scorpion**? If ye **then, being evil, know** how to give **good gifts unto** your **children**: how **much more shall your heavenly Father** give the **Holy Spirit** to **them that** ask him?

```
C K N O W L B O G O O D S Z Y
H Q N I G Y F H Y N V P O X A
I M S O R Y T Z H B I M Y J Y
L O N E C E Z E S R U E H O K
D R V O K K A Y I C I R B S T
R E C E I V E T H X T Y T U Q
E E E C E P H T E D N I F A Z
N S F N T T R G H N E V I G Z
N F L F Z U E O N O P E N E D
Y Y L C O S H N C L R C B Q D
H L I Y G O T N U S E H R F S
T O W F T I A O Y A S K E T H
G H L T B A F H N I K V A L A
G P E J N E H T F E I D D B L
R N X M O S Z T S L S E C W L
```

by John Hudson Tiner

 ## Bonus Trivia

As Jesus rode into Jerusalem on Palm Sunday, what was His reaction as He looked over the city?

He wept over it. (Luke 19:28–41)

95

CALL ON GOD

JOEL 2:32; 3:1

And it shall **come** to **pass,** that **whosoever** shall call on the **name** of the LORD shall be **delivered:** for in **mount Zion** and in Jerusalem shall be **deliverance,** as the LORD **hath said,** and in the **remnant whom** the LORD shall **call.** . . . For, **behold,** in **those days,** and in **that time, when I shall bring again** the **captivity** of **Judah** and **Jerusalem.**

```
W  X  I  N  D  Q  E  Z  I  C  E  D  B  T  B
I  H  A  R  X  L  L  L  A  H  S  P  T  V  R
W  M  O  U  N  T  U  P  U  A  S  S  C  Z  U
E  L  H  S  S  M  T  N  I  G  Z  D  A  Y  S
D  I  Z  O  O  I  X  D  Y  T  R  M  L  P  E
D  E  L  I  V  E  R  A  N  C  E  K  L  O  Y
L  Q  R  I  O  J  V  I  D  L  M  D  Z  V  D
O  D  T  E  E  N  H  E  A  J  N  O  L  V  D
H  Y  Q  M  V  M  C  S  R  N  A  X  H  F  Z
E  S  O  H  T  I  U  B  R  I  N  G  D  W  U
B  C  N  O  A  R  L  D  J  A  T  E  D  N  M
O  S  L  O  E  T  L  E  U  G  A  O  T  G  W
L  T  S  J  K  A  H  J  D  A  B  S  Y  P  Q
M  W  M  N  E  H  W  K  A  R  M  Y  Z  A  P
S  Y  E  M  I  T  T  X  H  W  H  K  H  X  E
```

by John Hudson Tiner

 Bonus Trivia

Name the Lamb's record of all who are saved, mentioned in Revelation.

96

CHRIST IN YOU, THE HOPE OF GLORY

COLOSSIANS 1:25–27

Whereof I am made a **minister,** according to the **dispensation** of **God** which is **given** to me for you, to **fulfil** the **word** of God; even the **mystery** which hath been **hid from ages** and from **generations,** but **now** is **made manifest** to his **saints:** To whom God would **make known** what is the **riches** of the **glory** of this mystery **among** the Gentiles; which is **Christ** in **you, the hope** of glory.

```
S  K  E  N  O  H  O  P  E  N  A  N  F  E  R
E  L  L  K  E  M  N  A  J  O  O  Y  A  N  C
E  F  I  P  A  R  S  T  N  I  A  S  O  W  E
S  O  E  D  B  M  Y  S  T  E  R  Y  C  O  D
M  E  E  G  I  P  O  A  F  D  C  E  A  N  S
O  R  T  S  E  H  S  D  Y  U  O  S  T  K  E
R  E  T  S  I  N  I  M  J  E  L  U  S  L  H
F  H  Y  O  E  N  E  V  I  G  I  F  L  O  T
A  W  V  P  T  S  I  R  H  C  Q  E  I  S  R
S  N  S  B  U  S  E  G  A  O  H  I  E  L  O
R  I  C  H  E  S  O  M  V  T  E  F  S  A  N
D  I  H  O  N  D  O  S  E  L  I  T  N  E  G
T  Z  R  M  D  N  R  I  G  N  U  O  Y  B  O
Y  R  O  L  G  L  O  O  A  O  G  N  N  A  I
A  H  B  I  E  Y  N  M  W  W  H  D  I  S  M
```

by Michele Clay

 Bonus Trivia

Where did David take the ark of the covenant where he kept it in a tent?

97

VICTORY IN JESUS

1 CORINTHIANS 15:55–58

O **death**, where is thy **sting**? O **grave, where** is thy **victory**? The sting of death is sin; and the **strength** of sin is the law. But **thanks** be to God, **which giveth** us the victory **through** our Lord **Jesus Christ. Therefore**, my **beloved brethren**, be ye **stedfast, unmoveable, always abounding** in the **work** of the Lord, **forasmuch** as ye **know that your labour** is not in **vain** in the **Lord**.

```
W  Y  X  L  S  T  D  E  V  O  L  E  B  S  I
E  H  G  U  O  R  H  T  N  S  N  L  W  P  U
I  T  E  B  Q  S  Z  E  H  U  I  B  B  Y  Q
V  E  H  R  T  D  V  T  R  S  V  A  R  T  W
F  V  F  I  E  A  G  F  P  E  N  E  E  S  H
N  I  N  A  R  N  C  N  X  J  F  V  T  A  P
W  G  T  G  E  T  H  Z  I  O  P  O  H  F  P
F  H  O  R  U  C  R  W  R  D  Y  M  R  D  Z
D  I  T  S  I  N  I  A  V  U  N  N  E  E  X
S  S  P  H  B  N  S  U  G  K  O  U  N  T  T
V  B  W  Z  W  M  T  Y  Y  N  E  B  O  S  D
Z  L  F  R  U  O  Y  K  A  O  D  P  A  B  U
A  V  I  C  T  O  R  Y  M  W  T  D  A  L  A
L  T  H  A  N  K  S  K  C  B  L  O  R  D  B
R  Z  O  V  Z  F  Q  B  P  T  H  A  T  L  K
```

by John Hudson Tiner

 Bonus Trivia

Whose name always comes last in the Gospels' lists of the twelve apostles?

98

CONTEND FOR THE FAITH

JUDE 1:2–3

Mercy unto you, and **peace**, and love, be **multiplied. Beloved, when** I **gave** all **diligence** to write unto you of the **common salvation**, it was **needful** for me to **write** unto you, and **exhort** you **that** ye **should earnestly contend** for the **faith which** was **once delivered unto** the **saints.**

```
U  N  O  M  M  O  C  O  O  A  C  O  N  D  G
T  D  O  Y  U  S  X  Z  F  T  U  G  E  T  X
F  I  I  I  L  N  B  G  R  R  M  R  S  T  E
F  Z  M  L  T  R  O  H  X  E  E  T  T  C  W
K  K  O  U  I  A  T  O  W  V  R  O  N  B  N
Z  S  I  F  P  G  V  H  I  V  C  O  I  E  S
N  N  Y  D  L  H  E  L  A  G  Y  C  A  L  Y
M  E  D  E  I  N  E  N  A  T  W  R  S  O  K
L  W  K  E  E  D  D  V  C  S  N  E  X  V  Y
H  K  H  N  D  X  E  U  D  E  A  J  J  E  R
Y  T  M  I  X  E  E  N  S  H  O  U  L  D  A
U  L  I  D  C  O  N  T  E  N  D  N  X  I  A
N  Q  D  A  G  H  L  O  I  N  V  E  U  W  P
X  W  E  P  F  Y  Y  L  U  R  D  B  L  B  H
Y  P  X  E  L  L  X  K  V  J  W  M  M  A  C
```

by John Hudson Tiner

 Bonus Trivia

What forbidden tree in the Garden of Eden did the serpent convince
Eve to eat from?

 *The tree of the knowledge of good and evil. (Genesis 2:15–
17; 3:1–6)*

99

TIME PASSES QUICKLY

ECCLESIASTES 12:1–2

Remember now thy **Creator** in the days of thy **youth,** while the **evil days come** not, nor the **years draw nigh, when thou shalt** say, I **have** no **pleasure** in **them; while** the sun, or the **light,** or the **moon,** or the **stars,** be not **darkened,** nor the **clouds return after** the **rain.**

```
N U A K G R X U X J G W S G Q
A H R S P T G U J L M V N U B
W T F Y E L I H W Z O T M F L
R Z V S D O E D T Q O Q K I F
N T U T B R R A I N N R V K E
K I P T H E A S S X C E F Y S
L I G H T T D W O U E B H C X
O V R H U U P E D Y R M R W R
U D O L O R M A N B V E O B T
U U L L Y N Y F N E A M D C U
J A C O A S S T J T K E B D J
U I K D K M R E O G V R A M I
R U I R Y E A R S A T L A H S
L Y A L S H T Q H U M E G D H
B K I E L T S N Q M X F U D K
```

by John Hudson Tiner

 Bonus Trivia

What special prisoner was the subject of a letter from Claudius Lysias to Governor Felix?

ANSWERS

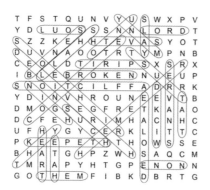

PUZZLE 1

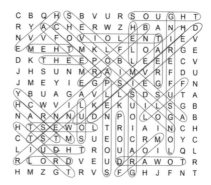

PUZZLE 2

PUZZLE 3

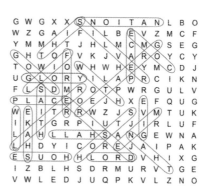

PUZZLE 4

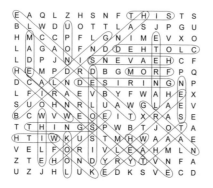

PUZZLE 5

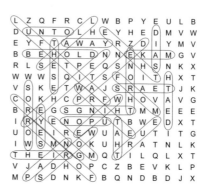

PUZZLE 6

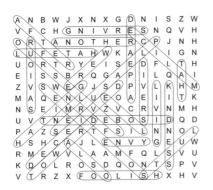

PUZZLE 7

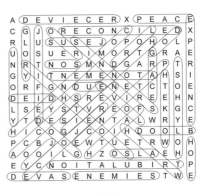

PUZZLE 8

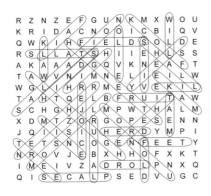

PUZZLE 9

PUZZLE 10

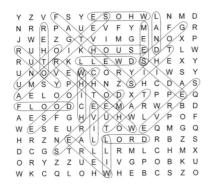

PUZZLE 11

PUZZLE 12

PUZZLE 13

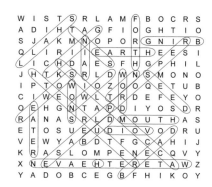

PUZZLE 14

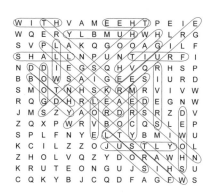

PUZZLE 15

PUZZLE 16

PUZZLE 17

PUZZLE 18

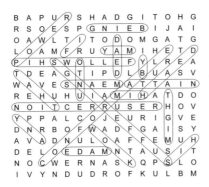

PUZZLE 19

PUZZLE 20

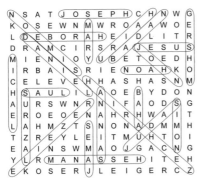

PUZZLE 21

PUZZLE 22

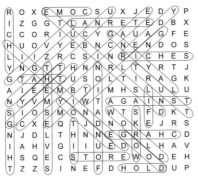

PUZZLE 23

PUZZLE 24

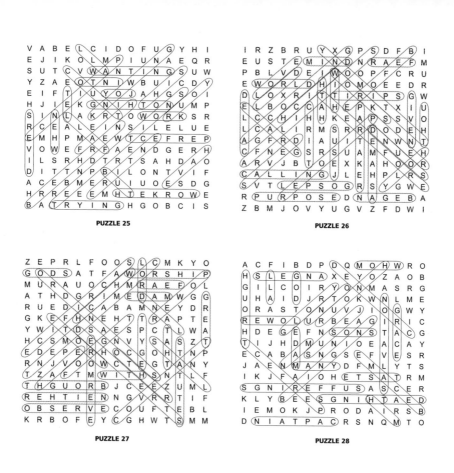

PUZZLE 25

PUZZLE 26

PUZZLE 27

PUZZLE 28

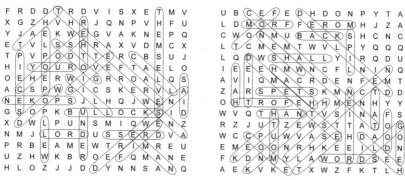

PUZZLE 29

PUZZLE 30

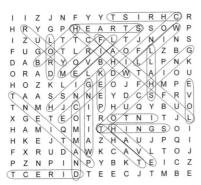

PUZZLE 31

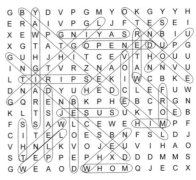

PUZZLE 32

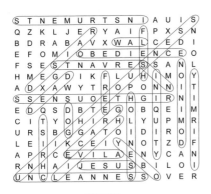

PUZZLE 33

PUZZLE 34

PUZZLE 35

PUZZLE 36

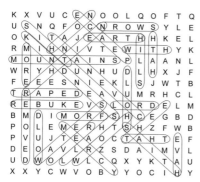

PUZZLE 37

```
S U F S E A T H G A M I L N G
T N O H T R U N H I E U M O P
A D O T E R I A N R F D O R E
N E V I L H A D A E S G A T E
O R D W T I S E R X N Y P M B
Z S O H E A T A H I E O N A R
A T S I R H C H V R M W I V E
D H S S G N I H T O N H C Q
I N T E N U G B L N E L A I U
V D E W I S F O K P R E S Y E
A I S G K A U T D I P M A O S
B N S N O B E S I E D U N U T
S G A O Y R E V E B A G S R S
I H P L E V R K D J H F U S A
T N A D L A M H G U O R H T M
```

PUZZLE 38

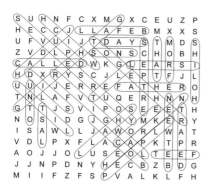

PUZZLE 39

```
K K O Y U T B M P L D R U I A
S Q C S H Y B P H E S W G F Y
H A V E E V E X H J H T G Z E
D B M H I N T S I R H C A D R
O T H E R E N I T D G I E T
C N T P C L C R N E E B E H M
C N E A B A B G T F R Q G A W
U J R A R M C I A C S D N B I
P G T R I Z F H H L O P D O T
S I N E O E N T F L D R Y H
E E F S R E V I D H T T T N Q
D R A P V K V O J E S U S D S
E X T Q F E O E D A D O S Y G
J U T I G G X W R R G B R E X
G R E E M Z V S B T B A Y R N
```

PUZZLE 40

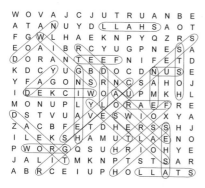

PUZZLE 41

```
S U O R E T L U D A Q X Y D L
A Y T O E X J T T X B B F P U
U M H W Q V C H S X H T Z P X
K E I X O J E H K G W G O H S
A T S P X R A O A F Y L O H K
S I Q O E L D N S N N U S I U
H F W F L Y V S T O G I L W G
A O G R T K A I H H E A U H
E P R R O R E H T A F A W P G L
E P L J X W A N G E L S I I T
D G D F E R R M J L H V O Y X
R N H T E M O C P O E X D U O
W S I N F U L H C H T I W E L
W H E N M U W P M W Q N D T H
X G G P I C T E W L F T J A Y
```

PUZZLE 42

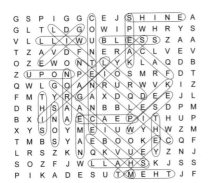

PUZZLE 43

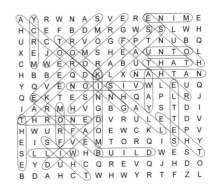

PUZZLE 44

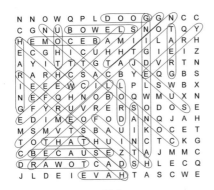

PUZZLE 45

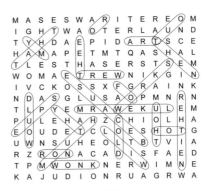

PUZZLE 46

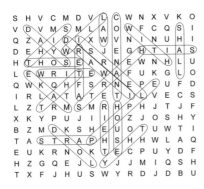

PUZZLE 47

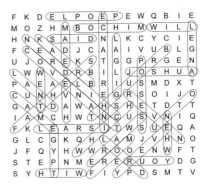

PUZZLE 48

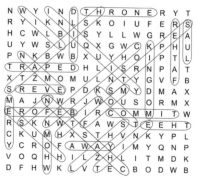

PUZZLE 49

PUZZLE 50

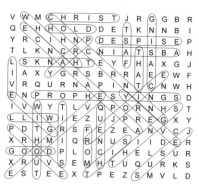

PUZZLE 51

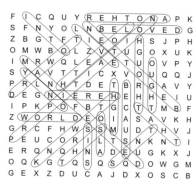

PUZZLE 52

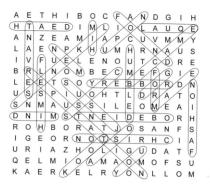

PUZZLE 53

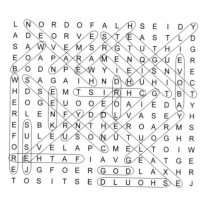

PUZZLE 54

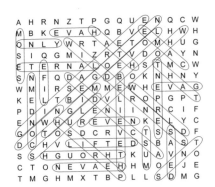

PUZZLE 55

A H R N Z T P G Q U E N Q C W
M B K E V A H Q B V E L H W H
O N L Y W R T A E T O M H U G
S I Q G M I Z R T V D O A Y N
E T E R N A L O E H S T M C W
S N F Q D A G D B O K N H N Y
W K M I R S E M M E W H E V A G
K P E L T B I D V L R O P G P T
P D I N G L E N I N R C I F
E N W H U R E V E N K E L Y C
G O T O S D C R V C T S S D F
D C H V L I F T E D S B A S T
S S H G U O R H T K U A N O
C T O N E V A E H H M O E J
T M G H M X T B P L L S D M G

I M A G I N E L D G N O R T S
H B O F X O F O I C W V I E N
N O N J F W O O E V K E B D T
D U L N F L Q M U L X R A G Q
G W T D E T I F E Z B R D E J
F I N T S H M C T H K U R U X
M T A H E E M C T H N O S N O
W H A T I R M E E I L N L R B
T L T I M E W S E C O I M U T
L B E X E O S S E C O N D P U
R X C E N F T S N I A G A D N
V F A K E E R M V H L L I W P
Q O L A I C U I V O S I P W B
C P I M D E S I R G P P C P J
Z E B F P G T A V S Z T U H N

PUZZLE 56

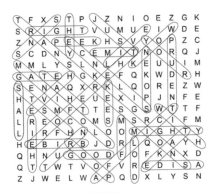

PUZZLE 57

C R S Y O R T S E D I A R F A
T H Y Z B D H A T O T R S S P
A N O I U S O V E L O B N E O
T E L G G S B T A E R O F E B
H W V O H E E H H R I T S H O
E E D V R E S K T T E U E T G
M K G O O D S E A I D V C A R
E L I A F L E N H S I N O Q D
I G H T R O S U T R A J B Y
L R P H I U S R O Y U O V I C
P O E K T H O U J E S U F O T
S N Y B O N P C R H Y S I C W
R U E T G P M E U O L P R I T
O I L T O N R A E F H S L R F
B C E W T T Y W R A D L A I R

PUZZLE 58

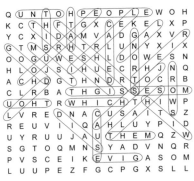

PUZZLE 59

N O Y B S Z L H S S N U U L F
K O T A H H B P Y O E T N L H
B R I N D D O R P H P I A A T
R E H T I E N U E V A H N H Z
W W A N C L K A L M C D O S S
J A S E F I D O E D S S N U T
P R T S O V L R O R E N B Q O
B D K T E E K F E L V S E Y O
W E N T E R E D F T T M T A D
P E O P L E T O R A U I S W R
T H A T H D P S N O M R R S J
E H Z T N U N C I A L I S D
B D I A L O E W L D E E C O B
M O Z N E H T A E H S I N R F
N G A T E T C X T L Y E Y C N

PUZZLE 60

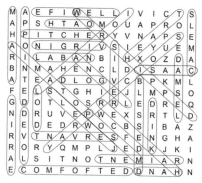

PUZZLE 61

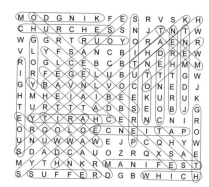

PUZZLE 62

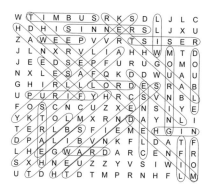

PUZZLE 63

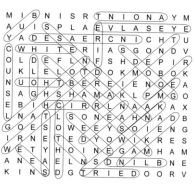

PUZZLE 64

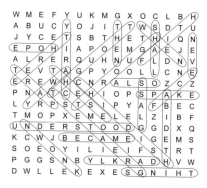

PUZZLE 65

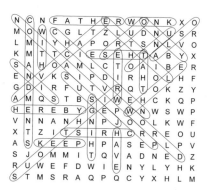

PUZZLE 66

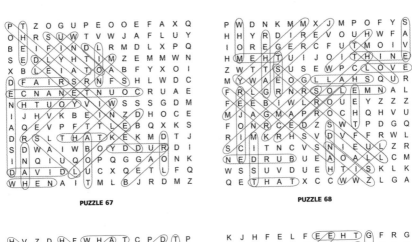

PUZZLE 67

PUZZLE 68

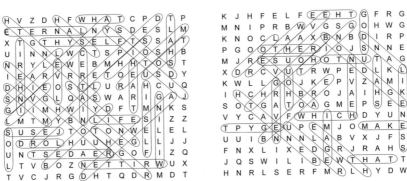

PUZZLE 69

PUZZLE 70

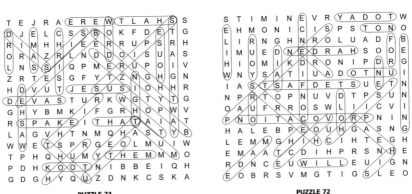

PUZZLE 71

PUZZLE 72

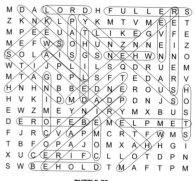

PUZZLE 73

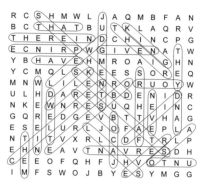

PUZZLE 74

PUZZLE 75

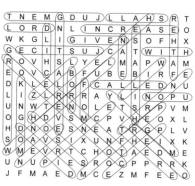

PUZZLE 76

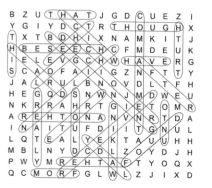

PUZZLE 77

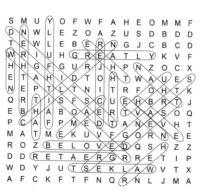

PUZZLE 78

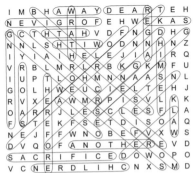

PUZZLE 79

PUZZLE 80

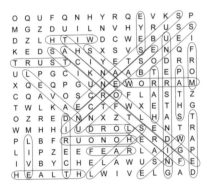

PUZZLE 81

PUZZLE 82

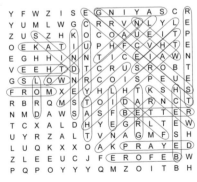

PUZZLE 83

PUZZLE 84

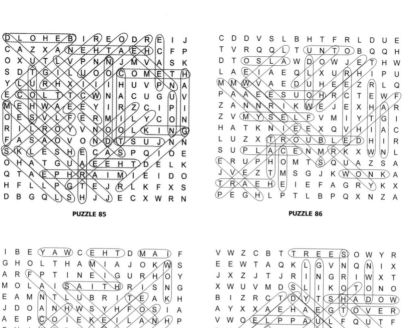

PUZZLE 85

PUZZLE 86

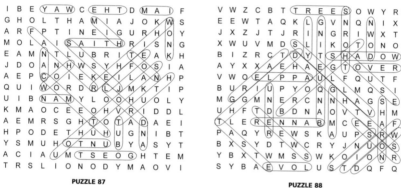

PUZZLE 87

PUZZLE 88

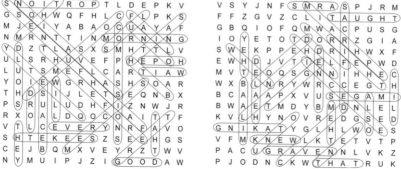

PUZZLE 89

PUZZLE 90

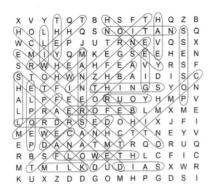

PUZZLE 91

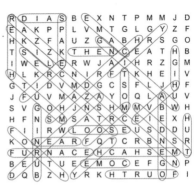

PUZZLE 92

PUZZLE 93

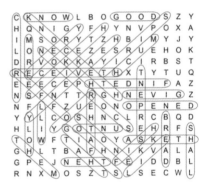

PUZZLE 94

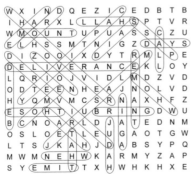

PUZZLE 95

PUZZLE 96

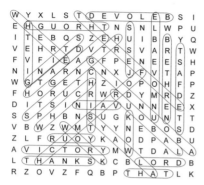

PUZZLE 97

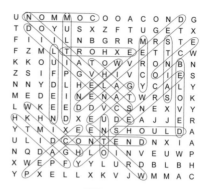

PUZZLE 98

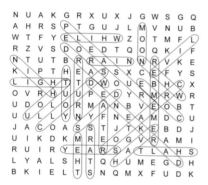

PUZZLE 99

If You Liked this Puzzle Book, You'll Also Like...

99 Bible Word Search Puzzles

Bible puzzles are a great way to pass time while learning scripture—and here's a delightful collection of 99 word searches sure to satisfy the passionate fan. With clues drawn from the breadth of scripture, *99 Bible Word Search Puzzles* will challenge and expand players' knowledge of the Good Book.

Paperback / 978-1-68322-753-3 / $12.99

99 Bible Crossword Puzzles

Bible puzzles are a great way to pass time while learning scripture—and here's a collection of 99 crosswords sure to satisfy both the passionate crossword fan and avid scripture memorizer. Featuring scripture drawn from the breadth and width of the Bible and helpful hints for memorization, *99 Bible Crossword Puzzles* will challenge and expand players' knowledge of scripture.

Paperback / 978-1-68322-754-0 / $12.99